府际合作

区域治理现代化的实现路径研究

郑春勇 著

浙江工商大学 出版社
ZHEJIANG GONGSHANG UNIVERSITY PRESS

·杭州·

图书在版编目(CIP)数据

府际合作：区域治理现代化的实现路径研究 / 郑春勇著. — 杭州：浙江工商大学出版社，2023.11
　　ISBN 978-7-5178-5642-9

　　Ⅰ.①府… Ⅱ.①郑… Ⅲ.①区域－行政管理－研究－中国 Ⅳ.①D630.1

　　中国国家版本馆 CIP 数据核字(2023)第 151394 号

府际合作：区域治理现代化的实现路径研究

FUJI HEZUO:QUYU ZHILI XIANDAIHUA DE SHIXIAN LUJING YANJIU

郑春勇　著

策划编辑	郑　建
责任编辑	王　琼
责任校对	夏湘娣
封面设计	朱嘉怡
责任印制	包建辉
出版发行	浙江工商大学出版社
	（杭州市教工路 198 号　邮政编码 310012）
	（E-mail:zjgsupress@163.com）
	（网址:http://www.zjgsupress.com）
	电话:0571－88904980,88831806(传真)
排　　版	杭州朝曦图文设计有限公司
印　　刷	杭州高腾印务有限公司
开　　本	710mm×1000mm　1/16
印　　张	11
字　　数	174 千
版 印 次	2023 年 11 月第 1 版　2023 年 11 月第 1 次印刷
书　　号	ISBN 978-7-5178-5642-9
定　　价	58.00 元

C目录 Ontents

第一章　区域性公共危机处理中的府际合作

区域治理现代化是国家治理现代化的基础。只有统筹兼顾，以局部促进全局，以全局带动局部，才能实现局部与全局的统一。而在推进区域治理现代化的过程中，府际合作发挥着重要作用。区域内部、区域之间的许多公共事务都离不开地方政府之间的协调合作与协同治理。

第一节　区域性公共危机的界定

罗森塔尔等人认为，危机是指对一个社会系统的基本价值和行为架构产生严重威胁，并且在时间性和不确定性很强的情况下必须对其做出关键性决策的事件。[①] 国内有学者认为，危机是一种普遍存在的，能够造成一定时间、一定范围内正常生活关系和社会秩序扭转的紧张状态。公共危机总是发生在一定的行政区划和地理疆域内，因而公共危机往往首先表现为区域性危机。[②] 我们认为，区域性公共危机是指由各种自然原因或人为因素引发的，

---

① 刘刚：《危机管理》，中国经济出版社 2004 年版，第 2 页。
② 姚尚建：《区域公共危机治理：逻辑与机制》，《广西社会科学》2009 年第 7 期，第 79—83 页。

没钱治理，要向上游讨说法，一个说经济要发展，要继续排污。[①] 上游发生了异常排污不及时向下游通报，等到污染事故酿成再组织调查，往往贻误了防治时机，只会对下游造成更大的污染损害。 2015 年以来，在协同治理下，小东江水质得到明显提升。

(五)具有涟漪效应

区域性公共危机不同于地方性危机，其影响是深远的，会导致一连串事件的发生，即具有涟漪效应。 例如，2005 年美国"卡特里娜"飓风灾难发生后，政府组织救援不及时，骚乱没有被及时制止，引发了民众对政府和军队的信任危机；多个城市长期被淹，无法进行商业活动，又引发了局部的经济危机；在野党对执政党的批评又引发了党派斗争。 这些连锁反应的发生曾一度影响了美国的内外政策。 我国 2005 年的松花江水污染事件也是如此：由于没有修建导流池，扑灭中石油吉林石化分公司双苯厂大火时所形成的上百吨污水流入松花江，造成松花江水体污染。 此后，松花江水污染又导致沿岸数以千万计的百姓饮水安全受到极大威胁，哈尔滨市全城停水 4 天。 同时，由于松花江所要流入的黑龙江是中俄两国的国界河，这一污染事件又演变上升为令国际社会关注的生态环境事件。[②]

二、区域性公共危机的分类

从不同的视角，按照不同的标准，区域性公共危机有着多种分类方法。

根据事件的起因，区域性公共危机可以分为由自然原因引发的危机和人为造成的危机两大类。 由自然原因引发的危机即自然灾害，又可以分为地质灾害(地震、火山喷发、山体滑坡、海啸等)、气象灾害(洪水、干旱、风灾、雪灾等)、复合性灾害(地表沉陷、瘟疫等)。 人为造成的危机又可以分为人为破坏事件(战争、恐怖袭击、网络干扰破坏等)、人为意外事件(核泄漏、火灾、

---

① 唐先武:《谁来救救小东江》,《科技日报》1998 年 12 月 22 日,第 6 版。
② 黎康:《从"松花江水污染事件"看事物联系的普遍性》,《江西日报》2007 年 3 月 5 日,第 B3 版。

有毒气/液体泄漏、污染事件等）。①

　　根据危机发生的领域，区域性公共危机可以分为政治危机、经济危机、社会危机、生产危机和自然危机。政治危机包括战争、政变、暴乱、恐怖袭击、边界冲突等，经济危机包括恶性通货膨胀或通货紧缩、高失业率等，社会危机包括罢工、示威游行、民族冲突等，生产危机包括生产安全事故、产品安全事故等，自然危机包括地震、洪水、森林大火、台风等。

　　根据《中华人民共和国突发事件应对法》，突发公共事件可以分为4类：自然灾害、事故灾难、公共卫生事件和社会安全事件（见表1-1）。这4类公共危机在一定条件下都可能超出特定的行政区域，从而演变为区域性公共危机。

表 1-1　突发公共事件的分类及典型事件示例

类型	示例
自然灾害	台风、冰雹、洪水、高温、沙尘暴、干旱等气象灾害,地震、山体滑坡、泥石流等地质灾害,森林火灾和重大生物灾害等
事故灾难	各类重大交通运输事故,城市供水、供电、供气事故及通信、信息网络事故,核辐射事故,环境污染和生态破坏事故等
公共卫生事件	重大传染病疫情、重大动物疫情等
社会安全事件	重大刑事案件、恐怖袭击事件、大规模群体性事件等

三、区域性公共危机的分期

　　每一个区域性公共危机都有一个特定的生命周期。为了提高政府应对危机的能力，及时有效地化解危急状态，必须科学地划分区域性公共危机的发展阶段，进而确定与各个阶段相适应的应急措施。根据区域性公共危机发生、发展的过程及相应的管理需求，可以把区域性公共危机的处理过程总体上划分为危机预警、应急处理和恢复评估3个阶段。

　　在危机预警阶段，主要做好危机防范的宣传教育工作和监测工作，及时发现可能引起区域性公共危机的诱因、征兆和隐患。对于可能导致大面积扩散

---

　　①　付晓东：《论跨区域公共危机事件的防治》，《学习与实践》2009年第4期，第40—47页。

或者事态失控的个案，要尽量将其控制在特定的地区范围内，努力阻止危机蔓延。

在应急处理阶段，区域性公共危机已经发生，此时政府危机管理的重点是快速建立危机控制平台，成立危机处理的决策指挥体系和应急救援组织，第一时间实施人员救治工作，并采取相应措施及时有效地控制危机，尽可能减轻危机造成的后果，降低危机造成的损失。

在恢复评估阶段，区域性公共危机得到控制并趋于稳定，危机逐渐被解除，生产生活秩序开始恢复。此时需要整体规划，动员和组织各方力量有计划、有步骤地开展恢复重建工作；同时，要对危机处理过程进行评估，总结经验和教训，完善和修订应急预案。

第二节　区域性公共危机处理中的地方合作机制

一、危机处理中的地方合作需求

2003 年，发源于广东的 SARS 危机席卷了我国大部分地区；2005 年，中石油吉林石化分公司双苯厂爆炸引起的松花江水污染事件不仅危及吉林和黑龙江两省，而且波及俄罗斯；2007 年，我国太湖流域突然暴发蓝藻，对苏州、无锡、常州等地造成了严重的用水危机；2008 年，持续的冰雪灾害给我国南方大部分地区和西北地区东部的基础设施、能源供应、农业生产和群众生活造成重大影响；2010 年，甲型 H1N1 流感疫情在我国多个省区市相继暴发；2010 年，我国共有 28 个省区市先后遭遇多轮暴雨洪涝灾害袭击，人员伤亡、经济损失惨重；2019 年暴发的新冠疫情影响深远，威胁人民的健康，对经济社会造成了巨大冲击。

区域性公共危机的频频发生，暴露出我国地方政府危机管理能力的不足和危机管理体制的诸多缺陷。属地管理原则，以及条块关系矛盾、干部绩效考核标准单一、应急预案缺乏操作性等问题已经成为影响政府危机处理效果的主要因素。按照市场经济原则和"理性经济人"假设，每个地方政府都是成本自负、利益独占的。 在理论上，每个地方政府的行动所影响的范围与其代表的地区应该是严格对应的。 但实际上，一个地方决策带来的收益可能流入毗邻地区，产生的成本也可能转嫁给其他地区。 在这种情况下，谎报、瞒报危机信息，不积极配合毗邻地区的工作，甚至在危机处理中以邻为壑等现象出现也就不足为奇了。

我们应该看到，在危机处理中不积极合作的教训是惨痛的。 例如，1987年大兴安岭特大火灾发生后，一些地方的领导在火灾紧要关头只顾"小家"，不管"大家"，阻碍了扑火工作的顺利进行。

从过去发生的这些公共危机来看，许多重大危机具有跨行政区分布、行政管辖权的归属难以认定、超出应急预案适用范围以及存在溢出效应和涟漪效应等特点。 这类公共危机一旦发生，往往波及多个行政区，区域内的任何一个地方政府想要"独善其身"都是不可能的。 尤其是在区域一体化快速推进的背景下，"合作则两利，不合作则两败俱伤"的态势愈加明显。 因此，应对区域性公共危机，需要具备整体性治理的思维，需要走区域整合的路子，需要通过地方合作进一步完善危机处理体制。

二、几个领域的危机处理中的地方合作

为了克服危机处理碎片化的缺陷，提高危机处理能力，提高区域治理绩效，地方政府将共同应对和处理区域性公共危机提上日程。 用合作的方式来应对公共危机面临的首要问题是合作领域的选择问题。 不同领域、不同类型公共危机的诱因、性质、影响范围和造成的危害大小不同，政府应对的手段和措施会有所区别，进而使相应的合作方式也不尽相同。 根据区域性公共危机的分类，再结合我国的实际情况，我们认为环境保护与生态治理、事故灾害救助、公共卫生事件防治和社会安全事件防治这 4 个领域应当是进行地方合作的主要领域。

第一，环境保护与生态治理领域。 市场主体在经济利益的驱动下会对自然资源进行掠夺式开发，极易造成环境污染和生态破坏。 区域内的生态环境是一个整体，一个地方生态环境的恶化必然会影响到周边地区。 因此，环境污染与生态恶化危机的共同应对也就理所当然地成为区域内合作最多的

方合作必须妥善处理好区域内的利益分配问题。 比较常见的利益分配方案是双向补偿,即:当区域内某地呈现正外部性时,其他受益地区要补偿该地的损失;而当该地呈现负外部性时,该地要补偿其他受损地区的损失。

此外,还有一种区域内利益分配的模式——异地开发模式。 浙江省金华市的金磐开发区,是金华市政府专门为处于上游的磐安县提供的一个异地开发扶贫工业基地,用于接纳磐安县的招商引资项目,而广东省龙门县也有工业园区统一接纳上游各镇的招商引资项目。[①] 这种异地建设工业园区的模式变外部补偿为自我积累,有利于减少上游开发对环境造成的污染和破坏,同时又能增强落后地区的发展能力,颇具启发意义。

(三)基础设施共建共享机制

这里所说的基础设施,指的是应对区域性公共危机所必需的跨地区设施系统工程。 现有的危机处理设施大多是以行政区划为界的,自成体系,一旦区域性公共危机发生,这样的小范围危机处理系统往往难以奏效。 因此,有必要建立区域性的危机处理系统。 从我国的情况来看,目前由地方政府共同建设区域性基础设施来应对危机的情况还很少见,不少大型设备、工程设施都是由国家层面相关部门或者省级政府单独投资建设的。 这种供给方式虽然具备一些优点,但是难以有效满足区域性公共危机的应对需求。

在基础设施共享方面,由于这些设备系统基本上由国家或省级政府供给,因此,共享是较为常见的。 如上海市投资 1 亿元建设的"突发公共卫生事件应急信息系统"在尚未完全建成时就已经在汶川地震、手足口病防控和问题奶粉处置中发挥作用。[②]

(四)监督与约束机制

监督与约束机制是区域性公共危机处理中地方合作的重要保障机制,也

---

① 王玉明:《地方环境治理中政府合作的实践探索》,《广东行政学院学报》2010 年第 3 期,第 11—15 页。

② 吴焰:《上海公共卫生应急指挥中心正式启用》,《人民日报》2009 年 2 月 17 日,第 8 版。

是当前危机处理中地方合作最薄弱的环节。 区域合作仅仅停留在地方政府领导的口头承诺上是远远不够的，口头承诺无法保证不出现机会主义行为。 具备监督与约束机制也就意味着地方合作迈出了实质性的一步。 从已经出现的这些合作实践来看，建立监督与约束机制的案例较少。 即使是在合作最频繁的环境保护与生态治理领域，合作协议也多以宣言、规划、倡议书等缺乏约束力的形式为主。

当然，也不乏做得较好的例子，如珠江三角洲区域的大气污染防治。 2009年，广东省施行《广东省珠江三角洲大气污染防治办法》（现已废止），以政府规章这一具有法律效力的形式明确提出建立区域性大气污染联防联控工作机制。 此后，又相继制定并实施了《珠江三角洲区域大气重污染应急预案》（现已废止）、《广东省大气污染防治条例》、《广东省重污染天气应急预案》等，进一步完善了联防联控机制。

第三节　区域性公共危机处理中的地方合作模式

为了提高地方政府共同应对危机的能力，在应对区域性公共危机的过程中，应该根据公共危机处理的不同阶段采取不同的地方合作模式。

一、危机处理不同阶段的政府责任

在区域性公共危机处理中，危机预警阶段、应急处理阶段和恢复评估阶段的主要任务不同，相应的政府责任也就不同。

（一）危机预警阶段的政府责任

危机预警阶段主要有保障体系建设、危机监测和预警信息系统建设、宣传教育 3 个主要任务。 相应的政府责任为：

第一，加强立法工作，组建专门的危机应对机构和危机处理队伍，做好物资储备工作。 目前，我国已经有了一些危机管理的法律和应急预案，如《中华人民共和国气象法》《中华人民共和国防洪法》《中华人民共和国传染病防治法》《中华人民共和国突发事件应对法》《突发事件应急预案管理办法》等，但这些法律或是没有涉及区域问题，或是较为笼统。 因此，有必要探索建立更细致的区域性公共危机管理的法律法规和应急预案。 在区域性公共危机应对机构和队伍建设方面，一些地区在污染治理上已经有了一些尝试，如环境保护方面的联合执法。 应该继续完善类似的制度，总结经验，适时地将地方合作推广到其他领域和地区。 此外，还要加大应急物资储备力度，完善应急物资管理制度。

第二，建立危机监测和预警信息系统。 早发现、早报告是政府及时控制危机的关键。 政府要努力尽早发现危机的征兆，完善危机信号指标体系。 危机监测和预警信息系统要能够准确判断信号指标与危机之间的关系，对危机风险源和危机征兆进行实时监测分析，准确判断危机的扩散速度、规模、影响以及发展趋势，及时发出警报，提醒相应的政府部门和公民个人对危机采取适当的应急措施。 同时，同一区域内应该及时互相通报信息。

第三，加强宣传，提高公民的危机意识。 在和平时期，人们的危机意识往往比较淡薄，对危机的认识不够。 因此，政府要加大宣传力度，对公众进行各种危机的性质、危害以及防范措施的普及教育。 同时，还要适时组织演练，提高公民的自救能力。 对于其他地区发生的危机，要及时披露信息，加强舆论引导，增强公民的心理承受能力和对政府的信心。

（二）应急处理阶段的政府责任

应急处理阶段的主要任务是及时控制公共危机，防止其蔓延，尽量减少危机造成的损失。 相应的政府责任为：

第一，建立快速、高效的应急控制体系，果断采取应急措施。 公共危机发生后，政府要迅速成立危机现场应急指挥中心，启动应急预案，动员一切可以动用的力量展开救助和自救。 实时监测危机进程，对危机情况做出准确判断，制定政策和应急处理实施方案，并根据危机处理情况适时进行调整。 要采取有效措施防止危机扩散，及时控制危机造成的连锁反应。 区域内其他地方要及时派出支援队伍，协助受害地区开展救援工作。

第二，开展危机公关，树立良好的政府形象，增强群众的信心。 政府应及时向公众发布真实信息,使公众对危机发展的态势有清醒的认识。 倾听并合理采纳各方面的意见,建立多层次的信任关系。 坚持人本主义原则,树立诚信、负责的政府形象,稳定社会秩序。

(三)恢复评估阶段的政府责任

恢复评估阶段的主要任务是恢复重建、调查评估并总结经验。 相应的政府责任为:

第一,建立危机善后处理系统,尽快组织恢复社会生产和生活秩序。 政府应设置专门的善后管理机构,制定恢复重建计划和实施方案。 给予企业和群众必要的经济援助,弥补其损失,帮助其尽快恢复生产生活。 组织和调节日常用品和急需品的供应,保证救援物资能够满足生活需要。 同时,要注重心理干预治疗。 区域内其他地方要积极动员和利用社会力量,帮助灾区开展恢复重建工作,增强其恢复重建实力。

第二,对危机处理过程进行评估。 评估的目的在于总结经验,提高政府的学习能力。 要确定受到损害的群众、企业,正确评估其损失,以便制定相应的扶持政策。 要对危机处理中表现出色的人员和部门予以表扬,同时要追究失职官员的责任。 要对政府可运用的人力、物力、财力等有形资源和政府公信力、政府形象等无形资源进行评估,为改善政府危机管理提供参考,为区域内其他地方政府提供借鉴。

二、地方合作的 3 种主要模式

从危机处理中区域内府际关系的不同类型出发,可以将我国现有的地方合作模式概括为 3 种:"分散—协作"式的合作模式、"主导—参与"式的合作模式和"帮扶—合作"式的合作模式。

(一)"分散—协作"式的合作模式

"分散—协作"模式的主要特点如下:平时,区域内地方政府按照属地管理原则各司其职,各自做好本行政区范围内的危机预防和监测工作;在必要时,经各方协商,从区域内每一个成员单位中抽调人员共同组建危机检查小组,不定期地对区域内可能存在的危机隐患进行联合排查。 这种联合检查小组并不是常设组织,而是任务型临时组织。 "分散—协作"模式之下的各个地方政府是平等关系,因此,合作是基于利益协调的共同需要。 合作的发起往往需要一个具有较强影响力的召集人,各方经过协商谈判,将合作共识转化为一致认可的工作机制,合作由此形成并得以维持。

浙江省杭湖嘉绍地区的跨界环保联合执法检查是"分散—协作"模式的典型。 2008 年,杭州、湖州、嘉兴、绍兴四城市联合成立了杭湖嘉绍边界环境联合执法小组,制定了联合执法的工作制度,并通过了相应的实施方案。 根据协定,杭湖嘉绍边界环境联合执法小组由四城市环境监察支队及边界相关县(市、区)监察大队(环保分局)指定人员组成,各成员单位轮流担任执行组长。 2008 年、2009 年,联合执法小组分别开展了 9 次、5 次跨界环境联合执法检查活动,成效显著。①

(二)"主导—参与"式的合作模式

"主导—参与"模式的主要特点如下:由于某地是危机的重灾区,该地政府理所当然地在危机处理中起主导作用,而毗邻地区或者也不同程度地受到危机影响,或者对危机的形成负有一定责任,或者基于人道主义关怀,要积极参与区域性公共危机的应对,协助重灾区做好危机处理工作。 这里所谓的"主导",只限危机处理的具体领域,并不改变相关各方的政治关系和行政隶属关系。 当然,也不排除重灾区和毗邻地区都是在一个共同上级政府的指挥下开展危机管理工作的可能。

太湖治理是"主导—参与"模式的代表。 2007 年太湖流域暴发蓝藻,无锡市成为重灾区。 无锡市内的太湖面积约占太湖总面积的 1/4,环太湖的有苏州、无锡、常州 3 个城市,而且太湖流域共有上百条河流,涉及江苏、浙江、安徽、上海三省一市。 治理太湖,需要流域内各方积极参与。 从 2008年开始,苏浙沪连续多年召开共同治理太湖的协调会议,签署了《关于太湖水

---

① 参见杭州市环境保护局办公室发布的《市环保局关于 2009 年杭州都市经济圈工作总结和 2010 年工作思路的报告》(杭环函〔2009〕133 号)。

环境治理和蓝藻应对合作协议框架》等一系列合作协议，明确建立了定期交流制度、重大事项应急协商制度、信息通报制度、蓝藻打捞合作机制等多项合作制度(安徽在长三角城市群扩容后加入)。

(三)"帮扶—合作"式的合作模式

"帮扶—合作"模式的主要特点如下：在危机处理中，跨地区的地方合作先是以非危机发生地的主动援助为主，随后在中央政府的统一安排下开展对口支援和对口帮扶，而随着灾区生产生活的正常化，支援方与受援方的关系开始转变为产业扶持基础上的对口经济合作。在这种模式之下，支援方因为完成中央安排的帮扶任务可以获得政治收益，所以积极性较高。而随着对口帮扶转变为对口合作，双方都能获得经济收益，可谓一举两得。

"帮扶—合作"模式在汶川地震后的恢复重建中表现较为明显。2008年6月，国务院办公厅印发了《汶川地震灾后恢复重建对口支援方案》，提出要按照"一省帮一重灾县"的原则建立对口支援机制。对口支援实施1年后，一些省市开始探索建立"互利共赢"的长期对口合作模式。例如，江苏省苏州市与四川省绵竹市签订了《经济援建和合作发展协议书》，山东省威海市与四川省绵阳市签订了《关于加强产业合作的框架协议》，等等。①

三、地方政府合作模式与危机处理各个阶段的匹配

将区域性公共危机处理中各个阶段的政府责任与现有的地方合作模式结合起来考虑，可以发现，危机处理中各个阶段的政府角色与不同地方合作模式所体现出来的府际关系具有一定的契合之处。为了更好地发挥地方合作在区域性公共危机处理中的作用，应该在危机处理的不同阶段采取不同的合作模式。具体来讲，就是在危机预警阶段采用"分散—协作"式的合作模式，在应急处理阶段采用"主导—参与"式的合作模式，在恢复评估阶段采用"帮扶—合作"式的合作模式，如表1-2所示。当然，阶段与模式并不必然是严格

---

① 刘铁：《从对口支援到对口合作的演变论地方政府的行为逻辑——基于汶川地震灾后恢复重建对口支援的考察》，《农村经济》2010年第4期，第42—44页。

对应的关系，只是说在某个阶段采用特定的模式可能是最合适的，而且，模式与模式之间存在一定的过渡性。

表 1-2 区域性公共危机处理各阶段的地方合作模式选择

阶段	当地政府职责	当地政府角色	邻近地方政府职责	邻近地方政府角色	适用模式
危机预警阶段	立法、机构队伍建设、物资储备、危机监测和预警、宣传	组织者责任人	共同监测信息互通	协作者	"分散—协作"式
应急处理阶段	应急处理、开展危机公关	组织者指挥者	协助救援	援助者	"主导—参与"式
恢复评估阶段	恢复重建、调查评估并总结经验	组织者	参与重建	援助者合作者	"帮扶—合作"式

总的来说，应对区域性公共危机是一项系统工程，做好危机处理工作需要区域内各地方政府各尽其责，更需要区域内各地方政府通力合作。地方合作在区域性公共危机管理中的提出和应用，或许能够解决一些现实问题，提高危机管理的效能。我国的某些地区已经开始积极探索危机管理中的地方合作方式，但整体看来，完善而高效的合作机制和合作模式还没有建立起来。因此，如何更好地发挥地方合作在区域性公共危机管理中的作用，不论是对学术界还是对政府来说，都是值得持续关注和深入研究的课题。

第二章 区域一体化背景下的府际合作

第一节 泛珠三角和粤港澳大湾区建设

泛珠三角区域合作组织是国内规模最大的平等互利型地方合作组织,涉及广东、福建、江西、湖南、广西、海南、四川、贵州、云南等 9 个省(区)和香港、澳门 2 个特别行政区(即"9＋2")。 该区域面积占全国面积的 1/5,人口占全国总人口的 1/3,经济总量占全国经济的比重超过 1/3。[①] 然而,由于"泛珠三角"这一概念涉及的省份过多,泛珠三角区域合作始终未能上升为国家战略。 后来,随着"湾区经济"的提出,"粤港澳大湾区"逐渐成形,泛珠三角区域合作终于成为肩负新时代重要使命的国家级战略。

一、泛珠三角区域合作的发展历程

泛珠三角区域合作大致经历了 3 个阶段。[②]

[①] 泛珠三角合作信息网:《泛珠三角区域合作简介》,http://www.pprd.org.cn/fzgk/content/post_664434.html,2019 年 3 月 1 日。

[②] 陈瑞莲、刘亚平:《泛珠三角区域政府的合作与创新》,《学术研究》2007 年第 1 期,第 42—50 页。

(一)"小珠三角"合作

"小珠三角"即通常所指自然地理意义上的珠三角。 1994 年,广东省委明确提出珠三角地区要成为广东省首先实现现代化的一个大经济区,并决定制定建设珠三角经济区的整体发展战略。 1995 年 6 月初,广东省有关部门根据珠三角经济区发展战略,完成了《珠江三角洲经济区城市群规划》的制定工作。 该规划展示的珠三角经济区建设的战略布局如下:以珠三角有机协调的城市群为整体,以广州为核心,以广州至珠海和广州至深圳的发展线为主轴,建设大广州和珠江口东岸、西岸 3 个大都市地区,建立都会区、市镇密集区、开敞区和生态敏感区 4 种用地类型的空间协调发展模式。 这一布局勾画出以广州为领头,以分别位于珠江口东岸、西岸的深圳、珠海为两翼终端的雁行发展蓝图。 从此,珠三角经济发展战略正式付诸实施。 这一发展战略卓有成效地推动了珠三角经济的持续飞跃和都市圈现代化建设的整体发展。 珠三角经济区城市群的整合有力地促进了区域经济的整体发展,迅速缩减了珠三角经济区与港澳地区的经济落差,奠定了其在全国经济发展中的领先地位。

(二)"大珠三角"合作

"大珠三角"是"小珠三角"加上香港及澳门,"大珠三角"合作也可以称为粤港澳合作。 中国改革开放之初,粤港澳就开始了民间的"前店后厂"式的合作。 之后,随着经济的发展,粤港澳出现了愈演愈烈的竞争态势,彼此掣肘的现象时有发生。 香港是国际金融、物流及专业服务中心,珠三角则是世界一流的生产制造业基地。 香港在经济发展持续低速中重新审视自己的定位,认识到还是要通过金融业、商贸业等现代服务业来振兴,"融入珠三角"成为香港民间各群体最强烈的呼声。 广东民间也热切呼唤利用香港、澳门服务业的优势来提升自身制造业的素质,实现三地内涵式发展。 1997 年和1999 年,香港和澳门相继回归祖国,翻开了粤港澳关系史新的一页,标志着"大珠三角"的政府间合作迈入一个崭新的历史时期。 尤其是 2003 年 6 月 29日《内地与香港关于建立更紧密经贸关系的安排》、2003 年 10 月 17 日《内地与澳门关于建立更紧密经贸关系的安排》的签订,意味着"大珠三角"的融合和发展走向了更宽的领域、更高的层次。

(三)泛珠三角区域的交流与合作

同饮一江水,泛珠三角区域各地以珠江水系为纽带,双边或多边的交流与合作由来已久。 最初是以民间的商务交流、学术团体之间的交流、慈善组织的互助、文化团体的访问演出、体育运动的合作开展为主。 随着改革开放的深入,合作与交流逐渐广泛深入发展,方式也逐渐多样化,并慢慢扩展到政府层面。 从1958年中央划分经济协作区开始,位于华东经济协作区的安徽、福建、江西,位于中南经济协作区的湖南、广东、广西,位于西南经济协作区的四川、贵州、云南就开始有了初步的交流和合作。 1984年,四川、云南、贵州、广西四省区和重庆市组成了"四省区五方经济协调会"。 这是我国改革开放以来最早创立的区域经济合作组织。 随着西藏、四川省成都市的先后加入,以及重庆市变为直辖市,该会更名为"六省区市七方经济协调会"。 它已经成为西南地区联合开发和对外开放的平台,在交通、市场、生态保护与环境建设、旅游和能源等方面都取得了良好的合作成果。 1988年,在国家计委的支持下,广东、广西、贵州省(区)政府及能源部、国家能源投资公司签订了《关于合资建设天生桥水电站的协议书》,开始开发红水河流域,拉开了"西电东送"战略的序幕。 2004年6月3日,泛珠三角区域政府行政首长在广州签署了《泛珠三角区域合作框架协议》,标志着中国迄今为止规模最大、范围最广的区域经济合作正式启动,也标志着中国地方政府间体制框架最大的合作正式形成。

二、泛珠三角区域合作规划与合作协议

在合作规划方面,合作各方共同制定了《关于务实推进泛珠三角区域合作专项规划实施的工作意见》《泛珠三角区域合作发展规划纲要(2006—2020年)》《泛珠三角区域能源合作"十一五"专项规划》《泛珠三角区域综合交通运输体系合作专项规划纲要》《泛珠三角区域合作公路水路交通基础设施规划纲要》《泛珠三角区域环境保护合作专项规划(2005—2010年)》《泛珠三角区域信息化合作专项规划(2006—2010年)》《泛珠三角区域科技创新合作"十

一五"专项规划》《关于推进泛珠三角内地区域产业转移和合作的指导意见（试行）》等文件。

在合作协议方面，基础性的合作协议是《泛珠三角区域合作框架协议》《关于区域合作组织间开展工作交流与合作的协议》以及《关于进一步加强泛珠三角区域市场环境建设工作的实施意见》等。此外，在多个领域制定了具体的合作协议。这些协议基本是政府职能部门间订立的契约（见表 2-1）。[①]

表 2-1　各领域的部分泛珠三角区域合作协议

领域	合作协议
基础设施	《泛珠三角经济圈九省区暨重庆市道路运输一体化合作发展 2003 年议定书》 《广东省与广西壮族自治区关于省际公路规划与建设的备忘录》 《广东省与福建省关于省际公路规划与建设的备忘录》 《广东省与海南省关于省际公路规划与建设的备忘录》 《广东省与江西省关于省际公路规划与建设的备忘录》 《广东省与湖南省关于省际公路规划与建设的备忘录》 《广东省人民政府 广西壮族自治区人民政府加强交通运输互联互通合作备忘录》
产业与投资	《泛珠三角区域房地产业合作备忘录》 《泛珠三角区域渔业经济合作框架协议》 《泛珠三角城市投资促进机构合作宣言》 《穗港关于联合投资推广的合作协议》
商务与贸易	《泛珠三角区域工商行政管理局服务区域经济合作发展的工作意见》 《关于深化泛珠三角区域商会合作的协议》 《泛珠三角区域工商行政管理机关推进社会主义新农村建设合作协议》 《泛珠三角区域工商行政管理合作协议》 《关于创造开放的市场环境的工作方案》 《关于促进企业合作发展的工作方案》 《关于商标行政保护合作的工作方案》 《关于加强市场监管和行政执法合作的工作方案》 《关于加强信息交流的工作方案》 《泛珠三角区域商会合作框架协议》 《泛珠三角区域商会信息交流协议》 《关于进一步促进川澳经贸合作备忘录》 《关于进一步促进川港经贸合作备忘录》 《泛珠三角区域地方金融战略合作备忘录》

---

① 宋彪：《分权与政府合作——基于决策制度的研究》，中国人民大学出版社 2009 年版，第 208—209 页。

续　表

领域	合作协议
旅游	《泛珠三角区域旅游合作指导性意见》 《泛珠三角区域旅游合作框架协议》 《进一步加强泛珠三角九省区旅游市场合作与交流协议》 《两广九市区域旅游合作框架协议》 《黔粤旅游合作协议》 《广东省与湖南省关于开展旅游交流与合作的协议书》 《闽粤赣十三市旅游交流与合作协议书》 《两广九市关于打造无障碍旅游区的合作守则》 《两广六市旅游协作协议书》 《江西省与广东省旅游交流与合作协议书》 《泛珠三角区域旅游大联盟合作协议》
农业	《泛珠三角区域农业合作协议》
劳务	《泛珠三角区域九省区劳动力市场联网合作议定书》 《泛珠三角区域维护跨省区务工人员合法权益联动协议》 《泛珠三角九省区劳务合作协议》
科教文化	《关于构建泛珠三角区域渔业科技合作平台协议书》 《泛珠三角区域合作培养文化艺术领军人才意向书》 《泛珠三角区域教育信息资源共建共享工程计划》 《泛珠三角区域中心城市科技咨询合作协议书》 《泛珠三角区域科技创新合作框架协议》 《泛珠三角区域科技合作长沙议定书》 《粤澳科技合作协议》 《泛珠三角区域知识产权合作协议》 《泛珠三角出版合作框架协议》 《泛珠三角电视媒体合作框架协议》 《关于加强泛珠三角区域教育交流合作的框架协议》
信息化建设	《泛珠三角省会市暨副省级市警务信息化合作协议》 《泛珠三角区域(九省区)东盟技术标准信息服务平台建设合作备忘录》 《泛珠三角区域 Linux 软件产业共同推进合作框架协议》 《共建泛珠三角区域教育信息平台合作协议》 《泛珠三角区域无线电管理合作框架》 《泛珠三角区域民航航线无线电通信导航频率保护合作协议》 《泛珠三角区域农村信息化合作意向书》 《泛珠三角区域软件行业协会合作倡议书》 《泛珠三角区域电子商务合作发展行动纲要思路框架》 《泛珠三角区域 CA 互联互通合作意向书》 《关于"泛珠江三角洲经济圈"信息产业及信息化合作的协定》 《泛珠三角合作信息网合作共建框架协议》

续　表

领域	合作协议
环境保护	《泛珠三角区域环境保护合作协议》 《泛珠三角区域环境保护产业合作协议》 《湘粤桂黔滇生态环境保护执法合作协议》
卫生防疫	《泛珠三角区域疾病预防控制和卫生监督合作框架协议》 《粤港澳大湾区卫生与健康合作框架协议》
其他领域	《泛珠三角区域安全生产事故应急处置协作方案》 《泛珠三角区域出入境检验检疫系统合作工作方案》 《泛珠三角区域与台湾地区消费者权益保护合作共识》 《泛珠三角区域人口和计划生育工作合作框架协议》 《泛珠三角区域质监系统人才培养和干部交流合作备忘录》 《泛珠三角区域质监系统质量兴省(区、市)工作经验交流合作协议》 《泛珠三角区域质监系统计量合作和互认协议》 《泛珠三角区域质监系统打假保名优协作框架协议》 《泛珠三角区域内地九省(区)专利行政执法协作协议》 《泛珠三角区域企业质量信用体系建设合作协议》 《九省(区)工商部门打击传销规范直销工作合作协议》 《泛珠三角区域质量技术监督干部学习交流合作协议》 《泛珠三角区域质量技术监督干部教育培训合作协议》 《泛珠三角区域(九省区)打假保名优合作备忘录》 《泛珠三角区域(九省区)国家质检中心和检验检测技术机构资源共享优势互补合作备忘录》 《泛珠三角区域消费维权合作协议》 《加强流通领域市场监管 共建泛珠三角区域食品安全体系合作协议》 《泛珠三角区域妇女发展合作框架协议》 《中南暨泛珠三角十一省(区)刑侦协作框架协议》 《泛珠三角省会市暨副省级市警务协作框架协议》 《泛珠三角九省区食品药品监管合作座谈会备忘录》 《泛中南地区治安工作协作协议》 《关于促进泛珠三角地区机场合作发展的共同建议》 《泛珠三角区域省会城市合作协议》 《深圳市融入泛珠三角区域合作实施方案》 《泛珠三角区域整规工作合作协议书》 《泛珠三角区域安全生产合作协议》 《泛珠三角区域质量技术监督合作框架协议》 《粤港澳体育交流与合作协议书》

领域	合作协议
其他领域	《泛珠三角区域九省区物价部门交流合作框架协议》 《泛珠三角九省区药品监督稽查合作协议》 《泛珠三角九省区药品检验合作协议》 《泛珠三角九省区食品药品监管合作框架协议》 《琼港体育交流与合作备忘录》 《泛珠三角区域地方税务合作协议》 《泛珠三角区域水利发展协作倡议书》 《泛珠三角省区侨联(社团)工作协作书》 《关于加强深港合作的备忘录》 《滇港体育交流与合作备忘录》 《粤港合作开展社会福利服务工作备忘录》 《泛珠三角区域(九省区)质量技术监督合作方案》 《泛珠三角区域反走私合作协议》 《香港深圳法律服务合作协议书》 《泛珠三角区域口岸通关合作协议》 《泛珠三角区域内地九省区信用合作框架协议》 《泛珠三角区域内地九省区"跨省通办"合作框架协议》

资料来源:泛珠三角合作信息网。

三、泛珠三角区域政府合作的制度安排

泛珠三角区域政府合作的制度安排主要有以下几种。[①]

(一)高层联席会议制度

1998 年 3 月 30 日,在中央政府的重视和大力支持下,香港特别行政区政府与广东省政府联合召开两地高层联席会议。迄今为止,已经举行了 20 多次会议,解决了不少实质性问题。比如在跨境基础设施建设、压缩口岸通关时间等方面取得不少进展。随着泛珠三角区域政府间的合作与交流的全面展开与深化,高层联席会议制度也逐渐多样化。在实践中主要有如下 3 种形式。

第一种是行政首长联席会议制度。行政首长联席会议与会人员主要是福建、江西、湖南、广东、广西、海南、四川、贵州、云南省(区)人民政府和香

---

① 陈瑞莲、刘亚平:《泛珠三角区域政府的合作与创新》,《学术研究》2007 年第 1 期,第 42—50 页。

港、澳门特别行政区政府的行政首长。 其职责是研究区域合作规划；研究解决区域合作中需要协调的重大问题；审议、决定区域合作的重要文件；根据政府秘书长协调会议提出的建议，研究决定下一届泛珠三角区域合作与发展论坛和经贸洽谈会的承办方。 各行政首长负责部署和推动本方参与区域合作的各有关方面工作，对本方参与区域合作的战略、规划、工作方案以及重大合作项目做出决策，向联席会议提出推进区域合作的建议和需要提请联席会议解决的事宜。 联席会议原则上每年举行一次。 在行政首长联席会议下设立秘书处，其负责执行行政首长联席会议的决定，负责协调政府秘书长协调会议制度、各成员方日常办公制度、部门衔接落实制度的运作，起草、报送、印发区域合作有关文件等。

第二种是政府秘书长协调会议制度。 2004 年 7 月，政府秘书长协调会议在四川召开，确定了定期召开此会议以协调合作事宜的机制。 其职责如下：负责协调泛珠三角区域政府之间的具体合作事宜；负责协调各方参与泛珠三角区域合作与发展论坛和经贸洽谈会的具体工作事项；指导政府各有关部门衔接落实推进合作的具体项目及其他有关工作，并进行检查督促；每年定期或不定期向行政首长报告泛珠三角区域政府合作过程中的有关情况和需要解决的问题；为行政首长联席会议做准备。

第三种是发展改革委主任联席会议制度。 发展改革委主任联席会议与会人员主要是泛珠三角区域九省区发展改革委主任，由广东省发展改革委主任任常任主席，设立长期秘书处，各省派人员轮流出任秘书长。

(二)日常办公制度

九省区的日常工作办公室设在各自的发展改革委，香港、澳门特别行政区政府确定相应的负责部门。 其工作职责如下：加强与本地区有关部门的沟通、联系，掌握本地区推进区域合作情况，研究提出加快推进区域合作发展的政策、措施及建议；编制本地区参与区域合作的发展战略、发展规划、工作方案；向政府秘书长或港澳特别行政区政府相应官员反映区域合作的进展情况，并就解决区域合作问题及时向各方政府提出思路和对策以及其他工作建议；负责政府秘书长协调会议的筹备、组织工作；负责跟踪落实行政首长联席会议和政府秘书长协调会议确定的各项事宜；加强各方日常工作办公室之间的工作协调，研究推进合作的具体措施；建立信息交流制度，共同办好泛珠三角合作信息网。 工作会议由当届承办方的泛珠三角区域合作日常工作办公室主任召集或发展改革委主任联席会议常任主席召集，不定期举行推进泛珠三角区域合作日常工作办公室会议。 遇特别事项，经协商，可召开临时会议。

(三)部门衔接落实制度

区域内各方责成有关主管部门加强相互间的协商与衔接落实，对具体合作项目及相关事宜提出工作措施，编制详细的合作计划、协议，落实《泛珠三角区域合作框架协议》提出的合作事项。 对行政首长联席会议决定的与本部门有关的事宜制订互相衔接的具体工作方案、合作协议、专题计划；组织本部门编制推进合作发展的专题规划，制订本部门参与区域合作的工作方案；组织实施本部门参与区域合作的战略、规划；协调本部门与其他部门在区域合作中的有关事宜；各部门定期向各方的日常工作办公室反映合作事项的进展、工作建议和存在的问题，必要时直接向政府秘书长、港澳特别行政区政府相应官员反映有关情况；不定期召开合作区域内对口部门衔接协调会议，衔接落实有关合作事宜。

四、泛珠三角区域合作的两大平台及其成效

泛珠三角区域合作有两大平台：一是泛珠三角区域合作与发展论坛，二是泛珠三角区域经贸洽谈会。 泛珠三角区域合作与发展论坛与泛珠三角区域经贸洽谈会由九省区人民政府和香港、澳门特别行政区政府共同主办。 国家发展和改革委员会、商务部、国务院港澳事务办公室、国务院发展研究中心担任论坛指导单位。 按照《泛珠三角区域合作框架协议》的规定，论坛和洽谈会每年举办一次，按照"共同主办、轮流承办"的原则由 11 个政府轮流承办。自 2004 年以来，这两大平台的规模和影响不断扩大，取得了显著的成就。

五、粤港澳大湾区的发展历程与规划

(一)粤港澳大湾区概况

粤港澳大湾区由香港、澳门 2 个特别行政区和广东省广州、深圳、珠海、佛山、惠州、东莞、中山、江门、肇庆 9 个珠三角城市组成,总面积 5.6 万平方千米,2023 年常住人口超 8600 万人,是中国开放程度最高、经济活力最强的区域之一,在国家发展大局中具有重要战略地位。

推进粤港澳大湾区建设,是以习近平同志为核心的党中央做出的重大决策,是习近平总书记亲自谋划、亲自部署、亲自推动的国家战略,是新时代推动形成全面开放新格局的新举措,也是推动"一国两制"事业发展的新实践。推进粤港澳大湾区建设,有利于深化内地和港澳的交流与合作,对港澳参与国家发展战略、提升竞争力、保持长期繁荣稳定具有重要意义。

2017 年 7 月 1 日,习近平出席《深化粤港澳合作 推进大湾区建设框架协议》签署仪式。 2019 年 2 月,中共中央、国务院印发《粤港澳大湾区发展规划纲要》。 按照该纲要,粤港澳大湾区不仅要建设成为充满活力的世界级城市群、具有全球影响力的国际科技创新中心、"一带一路"建设的重要支撑、内地与港澳深度合作示范区,还要打造成宜居宜业宜游的优质生活圈,成为高质量发展的典范。 这里以香港、澳门、广州、深圳四大中心城市为区域发展的核心引擎。 粤港澳大湾区与美国纽约湾区、旧金山湾区,日本东京湾区并称为"世界四大湾区"。

(二)粤港澳大湾区的构想与实践

2013 年 12 月 26 日,在中共深圳市委五届十八次全会上,深圳市市长在谋划下一年经济工作时,首次提出发展"湾区经济"。 其中,前海开发开放是"湾区经济"发展的战略重点。

2014 年,"湾区经济"首次被纳入深圳市政府工作报告。 报告提出,深圳将依托毗邻香港、背靠珠三角、地处亚太主航道优势,重点打造前海湾、深圳湾、大鹏湾、大亚湾等湾区产业集群,构建"湾区经济"。

2015 年 3 月，国家发展改革委、外交部、商务部联合发布《推动共建丝绸之路经济带和 21 世纪海上丝绸之路的愿景与行动》，提出充分发挥深圳前海、广州南沙、珠海横琴、福建平潭等开放合作区作用，深化与港澳台合作，打造粤港澳大湾区。

2016 年 3 月，《中华人民共和国国民经济和社会发展第十三个五年规划纲要》中提出支持港澳在泛珠三角区域合作中发挥重要作用，推动粤港澳大湾区和跨省区重大合作平台建设。

2016 年，广东省在省政府工作报告中指出，开展珠三角城市升级行动，联手港澳打造粤港澳大湾区。

2016 年 3 月，国务院印发《关于深化泛珠三角区域合作的指导意见》，围绕深化泛珠三角区域合作，提出了 8 项重点任务。其中包括促进区域经济合作发展，构建以粤港澳大湾区为龙头，以珠江—西江经济带为腹地，带动中南、西南地区发展，辐射东南亚、南亚的重要经济支撑带。

2017 年 3 月，国务院政府工作报告正式把"粤港澳大湾区"纳入其中。报告提出，要推动内地与港澳深化合作，研究制定粤港澳大湾区城市群发展规划，发挥港澳独特优势，提升在国家经济发展和对外开放中的地位与功能。

2017 年 7 月 1 日，国家主席习近平在香港出席了《深化粤港澳合作 推进大湾区建设框架协议》签署仪式，协议由国家发展和改革委员会、广东省人民政府、香港特别行政区政府、澳门特别行政区政府四方协商一致制定。各方努力将粤港澳大湾区建设成为更具活力的经济区、宜居宜业宜游的优质生活圈和内地与港澳深度合作的示范区，携手打造国际一流湾区和世界级城市群。

2017 年 7 月，港珠澳大桥主体工程全线贯通，粤港澳半小时超级城市群经济圈加快形成，世界级大湾区加速起航。

2019 年 2 月，《粤港澳大湾区发展规划纲要》（以下简称《纲要》）正式公布。

（三）粤港澳大湾区发展规划的核心要点

《纲要》是指导粤港澳大湾区当前和今后一个时期合作发展的纲领性文件，近期规划至 2022 年，远期展望到 2035 年。其核心要点包括：

第一，推进金融市场互联互通。

《纲要》提出，支持广州完善现代金融服务体系，建设区域性私募股权交易市场，建设产权、大宗商品区域交易中心，提升国际化水平。 支持深圳依规发展以深圳证券交易所为核心的资本市场，加快推进金融开放创新。 支持澳门打造中国—葡语国家金融服务平台，建立出口信用保险制度，建设成为葡语国家人民币清算中心，发挥中葡基金总部落户澳门的优势，承接中国与葡语国家金融合作服务。 研究探索建设澳门—珠海跨境金融合作示范区。

《纲要》明确，有序推进金融市场互联互通。 逐步扩大大湾区内人民币跨境使用规模和范围。 大湾区内的银行机构可按照相关规定开展跨境人民币拆借、人民币即远期外汇交易业务以及与人民币相关衍生品业务、理财产品交叉代理销售业务。 大湾区内的企业可按规定跨境发行人民币债券。

扩大香港与内地居民和机构进行跨境投资的空间，稳步扩大两地居民投资对方金融产品的渠道。 在依法合规前提下，有序推动大湾区内基金、保险等金融产品跨境交易，不断丰富投资产品类别和投资渠道，建立资金和产品互通机制。

支持香港机构投资者按规定在大湾区募集人民币资金投资香港资本市场，参与投资境内私募股权投资基金和创业投资基金。 支持香港开发更多离岸人民币、大宗商品及其他风险管理工具。 支持内地与香港、澳门保险机构开展跨境人民币再保险业务。

《纲要》明确，不断完善"沪港通""深港通"和"债券通"。 支持符合条件的港澳银行、保险机构在深圳前海、广州南沙、珠海横琴设立经营机构。

建立粤港澳大湾区金融监管协调沟通机制，加强跨境金融机构监管和资金流动监测分析合作。 完善粤港澳反洗钱、反恐怖融资、反逃税监管合作和信息交流机制。 建立和完善系统性风险预警、防范和化解体系，共同维护金融系统安全。

第二，共建粤港澳大湾区大数据中心。

《纲要》提出，推进"广州—深圳—香港—澳门"科技创新走廊建设，探索有利于人才、资本、信息、技术等创新要素跨境流动和区域融通的政策举措，共建粤港澳大湾区大数据中心和国际化创新平台。

向港澳有序开放国家在广东建设布局的重大科研基础设施和大型科研仪器。支持粤港澳有关机构积极参与国家科技计划（专项、基金等）。加强应用基础研究，拓展实施国家重大科技项目。支持将粤港澳深化创新体制机制改革的相关举措纳入全面创新改革试验。

《纲要》还表示，要推动珠三角九市军民融合创新发展，支持创建军民融合创新示范区。支持港深创新及科技园、中新广州知识城、南沙庆盛科技创新产业基地、横琴粤澳合作中医药科技产业园等重大创新载体建设。支持香港物流及供应链管理应用技术、纺织及成衣、资讯及通信技术、汽车零部件、纳米及先进材料等五大研发中心以及香港科学园、香港数码港建设。支持澳门中医药科技产业发展平台建设。推进香港、澳门国家重点实验室伙伴实验室建设。

第三，开展广州新机场前期研究工作。

《纲要》明确，要建设世界级机场群。巩固提升香港国际航空枢纽地位，强化航空管理培训中心功能，提升广州和深圳机场国际枢纽竞争力，增强澳门、珠海等的机场功能，推进大湾区机场错位发展和良性互动。支持香港机场第三跑道建设和澳门机场改扩建，实施广州、深圳等机场改扩建，开展广州新机场前期研究工作，研究建设一批支线机场和通用机场。

《纲要》同时提出，构筑大湾区快速交通网络。以连通内地与港澳以及珠江口东西两岸为重点，构建以高速铁路、城际铁路和高等级公路为主体的城际快速交通网络，力争实现大湾区主要城市间 1 小时通达。

第四，在 5G 和移动互联网等领域培育项目。

《纲要》提出，推动新一代信息技术、生物技术、高端装备制造、新材料等发展壮大为新支柱产业，在新型显示、新一代通信技术、5G 和移动互联网、蛋白类等生物医药、高端医学诊疗设备、基因检测、现代中药、智能机器人、3D 打印、北斗卫星应用等重点领域培育一批重大产业项目。围绕信息消费、新型健康技术、海洋工程装备、高技术服务业、高性能集成电路等重点领域及其关键环节，实施一批战略性新兴产业重大工程。培育壮大新能源、节能环保、新能源汽车等产业，形成以节能环保技术研发和总部基地为核心的产业集聚带。

发挥龙头企业带动作用，积极发展数字经济和共享经济，促进经济转型升级和社会发展。促进地区间动漫游戏、网络文化、数字文化装备、数字艺术展示等数字创意产业合作，推动数字创意在会展、电子商务、医疗卫生、教育服务、旅游休闲等领域应用。

第五，支持粤港澳高校合作办学。

《纲要》提出，推动教育合作发展。支持粤港澳高校合作办学，鼓励联合共建优势学科、实验室和研究中心。充分发挥粤港澳高校联盟的作用，鼓励三地高校探索开展相互承认特定课程学分、实施更灵活的交换生安排、科研成果分享转化等方面的合作交流。支持大湾区建设国际教育示范区，引进世界知名大学和特色学院，推进世界一流大学和一流学科建设。

鼓励港澳青年到内地学校就读，对持港澳居民来往内地通行证在内地就读的学生，实行与内地学生相同的交通、旅游门票等优惠政策。推进粤港澳职业教育在招生就业、培养培训、师生交流、技能竞赛等方面的合作，创新内地与港澳合作办学方式，支持各类职业教育实训基地交流合作，共建一批特色职业教育园区。支持澳门建设中葡双语人才培训基地，发挥澳门旅游教育培训和旅游发展经验优势，建设粤港澳大湾区旅游教育培训基地。

加强基础教育交流合作，鼓励粤港澳三地中小学校结为"姊妹学校"，在广东建设港澳子弟学校或设立港澳儿童班并提供寄宿服务。研究探索三地幼儿园缔结"姊妹园"。研究开放港澳中小学教师、幼儿教师到广东考取教师资格并任教。加强学校建设，扩大学位供给，进一步完善跨区域就业人员随迁子女就学政策，推动实现平等接受学前教育、义务教育和高中阶段教育，确保符合条件的随迁子女顺利在流入地参加高考。研究赋予在珠三角九市工作生活并符合条件的港澳居民子女与内地居民同等接受义务教育和高中阶段教育的权利。支持各级各类教育人才培训交流。

第六，推动粤港澳游艇自由行有效实施。

《纲要》明确，推进大湾区旅游发展，依托大湾区特色优势及香港国际航运中心的地位，构建文化历史、休闲度假、养生保健、邮轮游艇等多元旅游产品体系，丰富粤港澳旅游精品路线，开发高铁"一程多站"旅游产品，建设粤港澳大湾区世界级旅游目的地。优化珠三角地区"144小时过境免签"政策，便利外国人在大湾区旅游观光。

推动粤港澳游艇自由行有效实施，加快完善软硬件设施，共同开发高端旅游项目。探索在合适区域建设国际游艇旅游自由港。支持澳门与邻近城市探索发展国际游艇旅游，合作开发跨境旅游产品，发展面向国际的邮轮市场。支持珠三角城市建设国家全域旅游示范区。促进滨海旅游业高品质发展，加快"海洋—海岛—海岸"旅游立体开发，完善滨海旅游基础设施与公共服务体系。探索以旅游等服务业为主体功能的无居民海岛整岛开发方式。

第七，拓展就业创业空间。

《纲要》指出，完善区域公共就业服务体系，建设公共就业综合服务平台，完善有利于港澳居民特别是内地学校毕业的港澳学生在珠三角九市就业生活的政策措施，拓宽港澳居民就业创业空间。

鼓励港澳居民中的中国公民依法担任内地国有企事业单位职务，研究推进港澳居民中的中国公民依法报考内地公务员。在深圳前海、广州南沙、珠海横琴建立港澳创业就业试验区，试点允许取得建筑及相关工程咨询等港澳相应资质的企业和专业人士为内地市场主体直接提供服务，并逐步推出更多试点项目及开放措施。

第八，促进社会保障和社会治理合作。

《纲要》提出，探索推进在广东工作和生活的港澳居民在教育、医疗、养老、住房、交通等民生方面享有与内地居民同等的待遇。加强跨境公共服务和社会保障的衔接，探索澳门社会保险在大湾区内跨境使用，提高香港长者社会保障措施的可携性。

研究建立粤港澳跨境社会救助信息系统，开展社会福利和慈善事业合作。鼓励港澳与内地社会福利界加强合作，推进社会工作领域职业资格互认，加强粤港澳社工的专业培训交流。深化养老服务合作，支持港澳投资者在珠三角九市按规定以独资、合资或合作等方式兴办养老等社会服务机构，为港澳居民在广东养老创造便利条件。推进医养结合，建设一批区域性健康养老示范基地。

第九，共同参与"一带一路"建设。

《纲要》明确，落实内地与香港、澳门 CEPA 系列协议，推动对港澳在金融、教育、法律及争议解决、航运、物流、铁路运输、电信、中医药、建筑及相关工程等领域实施特别开放措施，研究进一步取消或放宽对港澳投资者的资质要求、持股比例、行业准入等限制，在广东为港澳投资者和相关从业人员提供一站式服务，更好落实 CEPA 框架下对港澳开放措施。

支持粤港澳加强合作，共同参与"一带一路"建设，深化与相关国家和地区基础设施互联互通、经贸合作及人文交流。签署实施支持香港、澳门全面参与和助力"一带一路"建设安排，建立长效协调机制，推动落实重点任务。强化香港全球离岸人民币业务枢纽地位，支持澳门以适当方式与丝路基金、中拉产能合作投资基金、中非产能合作基金和亚洲基础设施投资银行开展合作。

第二节　民族地区地方政府合作模式及其比较

在区域合作方兴未艾的背景下，我国民族地区的地方政府合作开展得如火如荼。湘桂黔渝毗邻地区经济技术协作区（湖南、广西、贵州、重庆和湖北毗邻地区共 17 个城市）、泛呼包鄂经济合作圈（以呼和浩特市、包头市和鄂尔多斯市为核心）、乌昌一体化（乌鲁木齐市和昌吉回族自治州）、延龙图一体化（延边朝鲜族自治州内的延吉市、龙井市和图们市）等，都是我国民族地区地方政府合作的典型模式。研究民族地区的地方政府合作模式，并加以对比分析，对我国民族地区的进一步发展具有重要意义。

一、民族地区地方政府合作的动因

从区域经济、区域民族政治的角度来看，民族地区地方政府合作主要有以下背景与动因。

（一）"抱团"竞争是提高民族地区区域竞争力的重要策略

长期以来，我国的经济发展模式都以政府为主导，民族地区也是如此。尽管学术界不断呼吁调整政府与市场的关系，改变政府主导经济增长的发展模式，但实际上地方政府一直都是地方经济增长的主要推动者。这种发展模式在制造经济发展奇迹的同时也带来了一些负面影响,地方政府之间竞争导致的重复建设、产业同构、地方保护等问题影响了市场经济的健康发展。 于是,规范地方政府竞争秩序,促进地方政府合作,在合作中谋求共赢成为区域发展的新动向。 除此之外,民族地区的地方政府还面临着特殊的发展压力。因为,在区域经济发展过程中,民族地区受到经济基础、自然环境、科学技术以及资本和人才等因素的限制,发展往往落后于非民族地区。 为了提高区域竞争力,一些民族地区的地方政府开始采取"抱团"竞争策略,探索通过区域合作的方式来促进本地区的经济发展。

(二)以府际关系变革促进族际关系和谐是民族政治发展的趋势

民族问题一直是我国政治生活中的重要问题。 经过几十年的发展,各族人民的生活水平都有了明显提高,各项民族权利都得到了有效保障。 但同时,地区差距和城乡差距仍然客观存在,如何在保证民族平等的基础上让各族人民共享发展成果,进而促进民族团结和民族地区的稳定,是迫切需要解决的问题。 根据精英政治理论,倘若民族政治精英能够超越眼前局部利益,不计个人得失,以实现本民族的长远利益为己任,就不同民族共同面临的发展问题达成一致意见,那么,民族关系将会大大得到改善,不同民族在区域发展中也能够实现本民族的发展目标。 因此,要改善族际关系,就要加强民族地区地方政府之间的合作。 特别是在中国这样的多民族国家,以府际关系的变革来促进族际关系的和谐,不失为民族政治发展的一种理想选择。

二、民族地区地方政府合作的典型模式

目前,我国民族地区的地方政府合作模式主要有以下 3 种。

(一)跨省经济技术协作区:以湘桂黔渝毗邻地区为例

湘桂黔渝毗邻地区经济技术协作区成立于 1990 年。 该区域地处武陵山区,区内居住着以土家族和苗族为主的 30 多个少数民族。 1998 年之后,由于机构改革、地市合并等原因,湘桂黔渝毗邻地区经济技术协作区政府领导联席会曾一度中断 4 年。 2002 年恢复运转后,原已退出协作区的柳州市、张家

界市、永州市又重新申请，回到协作区组织之中。经过 30 多年的发展，该协作区现在的成员单位包括 5 个省区市的 17 个市州、区县，成为一个开放性政府间区域经济技术协作组织。

该协作区在多年发展中，形成了政府领导联席会议制度、民营企业协作会议制度等一系列合作制度和相关机制。湘桂黔渝毗邻地区经济技术协作区政府领导联席会是该区域内地方政府合作的主要形式和载体。该合作组织的目标如下：共同塑造和推介区域整体形象，促进区域特色经济发展；共同商讨协作区内社会、经济、科技发展战略；促进区域内贸易投资、经济联合与协调发展，积极构建区域性市场体系；加快区域内山地、矿产、水能、旅游等资源的开发利用；促进区域生态环境共同治理；加强民族团结，协调解决各类边界纠纷。①

湘桂黔渝毗邻地区经济技术协作区采用的是一种松散的合作形式，没有统一的权威领导，主要靠边界地区自发协调。从其发展历程来看，协作区的发展经历了部分成员加入、退出、再加入的曲折过程。从其合作状况来看，在当前的协作中，存在着部分成员热情而部分成员应付的现象。同时，由于许多层面的问题都只能通过友好协商来解决，如旅游资源整合等问题，因而协作区建设始终没有取得大的突破。

(二)上级政府组织的座谈会及联席会议：以泛呼包鄂经济合作圈为例

呼和浩特市、包头市、鄂尔多斯市地处内蒙古自治区中部偏西，在地理位置上呈"品"字形分布。呼包鄂三市的产值占内蒙古自治区总产值的一半以上，集聚了全区一半以上的固定资产投资和 2/3 的科技人才，是内蒙古自治区乃至西部经济带的重要增长极。"呼包鄂经济圈"的概念在 20 世纪 90 年代初就已经被提出，但其真正开始发展壮大是在"十一五"期间。2006 年 5 月，内蒙古自治区发布《内蒙古自治区呼包鄂区域经济"十一五"发展规划》，将呼包鄂地区的统筹发展正式列入自治区战略布局，提出形成"泛呼包

---

① 冷志明、易夫：《毗邻民族地区经济合作开发研究》，《科学·经济·社会》2008 年第 3 期，第 18—21 页。

鄂经济合作圈"。 随后,内蒙古自治区又提出了加快推进呼包鄂三市的一体化进程、建设西部城市群等新目标。

呼包鄂地区并没有成立专门的地方政府合作组织,而是采用了座谈会的形式。 2004—2008 年,内蒙古自治区定期召开呼包鄂三市经济工作座谈会,对呼包鄂地区的经济协调发展进行研究讨论。 自治区党委书记主持,自治区党委副书记、自治区主席以及呼包鄂三市主要领导和相关部门负责人列席会议。 2009 年的呼包鄂三市经济工作座谈会采取了"3＋3"模式,邀请巴彦淖尔市、乌海市、阿拉善盟两市一盟参加。 2010 年的内蒙古自治区西部盟市经济工作座谈会又吸收了乌兰察布加入,目的在于打造以呼包鄂乌为核心的"西部经济区"。 2017 年,有关部门又将陕西省榆林市纳入其中,并制定了《呼包鄂榆城市群发展规划》,该规划于 2018 年经国务院批复后正式实施。 2021年,内蒙古自治区印发《呼包鄂乌"十四五"一体化发展规划》,该规划成为指导当前和今后一个时期呼包鄂乌一体化发展的纲领性文件。 目前,自治区层面成立了推动呼包鄂乌一体化发展领导小组,各市政府也均成立了领导小组,并共同挂牌运行呼包鄂乌协同发展服务中心,建立了联席会议机制,按年度轮值召开呼包鄂乌一体化发展市长联席会议暨呼包鄂榆城市群市长联席会议。 此后,内蒙古自治区将继续大力推动呼包鄂乌一体化发展和呼包鄂榆城市群建设。

呼包鄂地区的发展是较为典型的资源开发拉动型发展模式。 在自治区党委和政府的统一协调领导下,该区域内地方政府合作的重点一直是统筹资源配置,合理规划产业布局,提高经济总量。

(三)地区联合党委:以乌昌一体化为例

2004 年 12 月,新疆维吾尔自治区党委和政府决定,在不涉及乌鲁木齐市和昌吉回族自治州两地行政区划调整的前提下,成立对乌昌地区经济社会发展负有领导责任的自治区党委派出机构——乌昌党委。 乌昌党委的主要任务如下:统筹乌昌地区经济社会发展,统一制定并组织实施乌昌地区经济社会发展规划、城市整体规划和产业发展规划,研究解决乌昌地区经济社会发展中的重大问题,全力领导乌昌经济一体化。①

联合党委成立后,自治区又明确了乌昌党委与两地党委的干部管理权限,建立了乌昌党委干部工作机制和两地干部交流任职制度。 2005 年 10 月,乌昌财政局正式成立。 2008 年,乌昌党委又决定分别合并发展改革委、招商局、旅游局、规划局、劳动和社会保障局、环保局等职能部门。 自治区企图通过乌昌两地的财政统一、规划统一、市场统一来促进该区域内逐步形成产业同步、信息共用、资源共享、环境同保、城乡共建、利益同享、污染同治的发展格局。

成立区域内的联合党委,在一定程度上破解了民族地区一体化过程中的干部冲突问题和行政协调问题。 由于被新疆维吾尔自治区党委赋予了较大的人事权,乌昌党委也就成为具有权威性和执行力的区域协调机构,其形成的决议有较高的约束力,有利于打破地方利益造成的区域壁垒。 规划一体化、市场一体化、财政一体化使乌昌地区逐渐成为一个利益共同体,推动了区域一体化的实现。 当然,从该地区的民族政治态势来看,成立乌昌党委也是受到民族因素影响而采取的权宜之计。 随着乌鲁木齐市和昌吉回族自治州一体化程度的提高,乌昌党委也可能最终成为历史。

三、民族地区 3 种地方政府合作模式的比较分析

(一)地方政府态度比较

地方政府对区域合作的认识和态度对于区域合作的形成至关重要。 湘桂黔渝毗邻地区经济技术协作区位于几个省区市交界地区,经济基础相对薄弱,要想实现跨越式发展,必须加强区域合作。 在这种背景下,该区域内不少地方政府都有强烈的合作意愿。 呼包鄂地区同样如此,正是因为各市认识到了必须在更大范围内优化资源配置,泛呼包鄂经济合作圈的地方合作才会搞得如火如荼。 乌昌地区的情况则相对特殊。 这是因为,民族问题是我国民族地

---

① 张利华、徐晓新:《区域一体化协调机制比较研究》,《中国软科学》2010 年第 5 期,第 81—87 页。

区经济社会发展和地方政府合作中无法回避的重要问题。 乌鲁木齐市和昌吉回族自治州在许多方面都具有互补性，推行乌昌一体化能够给两地带来新的发展机遇。 但是，昌吉是全国仅有的两个回族自治州之一。 政府和民众，都面临着经济发展与民族权利的两难选择。 在这种特殊的情况下，新疆维吾尔自治区党委和政府只能在不变动行政区划的前提下来促进两地的合作。

（二）协调机构比较

协调机构的权威主要有 3 个来源：法律法规的规定、上级政府的授权和地方领导的承诺。 权威的来源不同，其强度和可持续性也就不同。 湘桂黔渝毗邻地区经济技术协作区政府领导联席会虽然定期举行，但其合作成果在很大程度上主要依靠各地行政首长的书面承诺或口头承诺来巩固，缺乏应有的约束力。 尤其是在存在利益冲突时，合作协议很难得到有效执行。 早期的呼包鄂三市经济工作座谈会由于内蒙古自治区党政主要领导的参与而具备了"领航员"和"裁判员"，在这种模式下，协调机制的权威来自上级政府，具有约束力。 但是，这种模式容易受到上级领导变更等因素的影响。 目前的呼包鄂乌一体化发展市长联席会议、呼包鄂榆城市群市长联席会议在自治区领导小组的统筹指导下，比原先的座谈会更具有权威性。 乌昌联合党委的权威性在于它是新疆维吾尔自治区党委的派出机构，并且具有较大的干部管理权限；通过人事调整和财政整合，消除了地方政府竞争的基础，能够有力地促进乌昌一体化。 因此，整体看来，在这 3 个案例中，乌昌地区的联合党委作为协调机构最具有权威性，呼包鄂三市经济工作座谈会及联席会议次之，湘桂黔渝毗邻地区经济技术协作区政府领导联席会的权威性最低。

（三）合作领域比较

合作领域是衡量地方政府合作广度的重要指标。 湘桂黔渝毗邻地区经济技术协作区近年来取得了显著的成绩，但具体来讲，主要是在交通、旅游、调纠、广电等 4 个领域。 由于该区域是几个省区市交接地带，因此协调处理各类纠纷争议一直是区域合作的重点。 泛呼包鄂经济合作圈区域合作的重点是产业分工与产业布局、区域基础设施建设、金融、旅游、科技人才、资源综合利用以及生态治理和环境保护。 这些合作领域的选择体现了呼包鄂地区尚处于区域经济一体化的起步阶段。 相比之下，乌昌地区的合作领域是最广泛的。 由于两地距离较近，区域基础设施建设基本完成，因此，合作领域主要体现在组织统一、财政统一、规划统一、市场统一上，如合并成立新的行政机构、撤销公路收费站、成立米东新区以及在话费、电费、公务员工资等方面实行统一等。 显然，地方政府合作的领域与区域一体化的程度是密切相关的，一体化程度越高，地方政府合作的领域也就越全面。

（四）利益分配制度比较

利益补偿与利益分享，不仅关系到区域合作的力度，更决定着区域合作持续的时间。 湘桂黔渝毗邻地区经济技术协作区成立时间最长，但其合作成效却不如呼包鄂地区和乌昌地区，其中的一个重要原因就在于湘桂黔渝毗邻地区没有建立起合理的利益补偿与利益分享机制。 例如，湘桂黔渝毗邻地区旅游资源丰富，但具有明显的同质性，各地在旅游开发上难免会遇到风格相近、特色趋同的问题，而各地方政府从当地利益出发，又很难在避免重复性建设上达成一致，因此该地区的旅游合作一直进展缓慢。 相比之下，呼包鄂地区和乌昌地区的利益分配制度要成熟得多。 如内蒙古自治区在《内蒙古自治区呼包鄂区域经济"十一五"发展规划》中明确提出，要明确呼包鄂各自的功能定位、产业分工，建立合理的利益分配机制，营造区域经济发展无差异的政策环境。 对于乌昌地区，2005 年，乌鲁木齐市安排 4000 万元财政专项扶持资金，用于支持昌吉的经济和社会发展，乌鲁木齐的天山区、水磨沟区等中心城区对口支援昌吉的木垒、吉木萨尔等县。 同年，乌昌财政局成立。 这些利益分配措施的落实，有效地改善了发展环境，为区域共同发展提供了保障，为地方政府之间的长期合作奠定了基础。

四、民族地区地方政府合作的发展趋向

上述 3 种地方政府合作模式，为我国民族地区的联合发展提供了基本范式。 但同时，这些合作模式也存在一些不足，需要在实践中进一步加以完善。

(一)要强化上级政府的协调作用,坚持高位运作

就民族地区而言,区域合作面临 2 个基本现实:一是在单一民族地区开展合作比在多民族地区开展合作容易;二是在省内开展合作比跨省开展合作容易。 可见,加强民族地区地方政府合作,必须强化上级政府的协调作用。 在我国,中央政府由于事务繁多和管理幅度所限,往往无暇顾及地方事务,因此,能够担当区域协调发展重任的主要是省级政府,即使是跨省合作也是如此。 省级政府的协调作用主要表现在 3 个方面:对内,统筹规划、合理布局,协调区域内各方的利益冲突;对外,交流互动、谈判协商,为区域发展创造良好的外部环境;对上,及时汇报、争取支持,努力获得可使区域发展的政策优惠、资金扶持和重大项目。 在省级政府的协调指导下,民族地区的地方政府合作才能保持"高位运行",合作中面临的障碍才会相对较少,合作成效也较为显著。

(二)要统一认识、明确定位,形成推动合力

地方政府合作中最为常见的问题是几个城市都努力把自己打造成区域经济中心,因此也就导致区域合作协议往往得不到有效执行。 要改变这种现象,除了上级政府要充分发挥协调作用以外,更重要的是地方政府要从自身实际出发,不盲目提口号。 毕竟,一个地区的资源禀赋是既定的,各城市之间的实力对比在短期内也不会发生明显变化。 如果脱离实际,一味追求"大而全",将会造成严重的资源浪费和区域内政策壁垒。 区域合作需要多方力量的共同推动,但政府的力量一般都是主导,所以地方政府对所在城市进行合理定位就显得非常重要。 在区域经济一体化程度越来越高的发展趋势下,"合作则两利,不合作则两败俱伤"的态势愈加明显。 因此,民族地区的地方政府合作一定要坚持"求同存异"的原则,明确区域内各地方的应有定位,进而形成区域合作的推动合力。

(三)要完善利益补偿与利益分享机制

区域合作,归根到底是一个利益分配问题,因此,是否具备完善的利益补

偿与利益分享机制成为地方政府合作能否顺利开展的关键。 就民族地区而言，民族政治因素对地方政府合作的影响固然深远，但是，如果能够用合理的利益分配方案来解决区域合作中的公平性问题，困难也将迎刃而解。 追求短期内的合作成效可以采取政治整合的方式，但加强利益诱导才是长久之策。尤其是在民主化程度越来越高的今天，用经济激励来弥补政治整合的不足，坚持"以利益诱导为主、政治动员为辅"的原则，应该是民族地区地方政府的理性选择。 区域合作初期，可能会给个别地区造成一定损失，但是，如果能够在省级政府的协调下，在各地方政府平等协商的基础上，按照"收益共享、合力补偿"的原则，建立完善的横向税收合并与分成制度以及财政转移支付制度，民族地区地方政府合作面临的阻力将会大大减小。

(四)要不断提高区域合作的制度化水平

从民族地区目前的地方政府合作状况来看，现有的 3 种合作模式都是着眼于用政策手段来推进区域合作，对市场的力量不够重视。 长此以往，地方政府合作将面临困境。 例如，乌昌党委虽然能够强有力地推进乌昌一体化，但党政关系不够规范。 因此，从长远发展来看，必须着力提高区域合作的制度化水平。 同时，还要尽快建立和完善地方政府合作的相关法律法规，规范权力的运行。 在这方面，依法成立区域政府可能是一种新的出路。 区域政府的合法性来源于区域内地方权力的让渡，因为如果把地方政府合作的过程看作一种行政管辖权的让渡，那么区域政府的权力就是在合作中形成的一种超出地方权力空间界限的管理权。 这是一种新的共同权力，是一种区域层次的行政权力。[①] 在加拿大的温哥华都会区，20 多个地方通过签订《城市宪章》和其他行政协议建立了一个区域政府，用专门委员会及其下属部门来协调区域事务。 这对我国地方政府合作的发展极具借鉴意义。 当前，我国对区域政府的研究尚处于起步阶段，如何在区域政府的思路下进一步提高区域合作的制度化水平，是一个有待学术界继续探索的课题。

---

① 杨龙、彭彦强:《理解中国地方政府合作——行政管辖权让渡的视角》,《政治学研究》2009 年第 4 期,第 61—66 页。

第三节　区域一体化的空间政治难题与空间再生产

随着我国区域经济的蓬勃发展，国内许多区域的一体化程度正在日益加深。郑开(郑州、开封)同城化、西咸(西安、咸阳)一体化、乌昌(乌鲁木齐、昌吉)一体化、长株潭(长沙、株洲、湘潭)一体化等，已经成为区域发展的重要引擎。但是，在当前的理论研究中，对区域一体化的政治和社会逻辑却阐释得不够。法国哲学家亨利·勒菲弗在 20 世纪 70 年代就已经指出，空间"一直都是政治性的、战略性的"[①]。推进区域一体化，必然会面临一些空间政治问题，同时也将对空间政治产生深远影响。因此，可以将区域一体化纳入空间政治学的理论视域中加以分析。

一、区域一体化的空间政治意蕴

区域一体化并不只是市场和经济的一体化，还将深刻影响区域内政治权力的运行和配置、公共物品和公共服务的供给以及区域空间结构的整合等诸多方面。

区域一体化意味着政治权力在空间中进行重新配置。福柯在一次题为"空间、知识、权力"的访谈中指出：空间是任何公共生活形式的基础。空间是任何权力运作的基础。[②] 区域一体化，首先会对特定空间内政治权力的运行产生影响。最明显的表现就是权力机关之间的横向联系加强。横向联系的加强会使得协调性权力的地位越来越重要，并会导致新的协调机构的设立。也就是说，区域一体化将逐渐改变政府的职能。最终，政治权力会在空间内进行重新配置，达到一种与区域一体化要求相适应的新的均衡状态。于是，政治权力的空间分布特征也就发生了变化。

---

① 亨利·勒菲弗著,李春译:《空间与政治(第二版)》,上海人民出版社 2008 年版,第 46 页。

② 包亚明:《后现代性与地理学的政治》,上海教育出版社 2001 年版,第 13—14 页。

区域一体化意味着公共物品在公民中公平分配，这涉及一个空间正义的问题。根据西班牙学者卡斯特的观点，公共物品是一种集体消费，是指由国家集体性提供的服务形式，如交通、医疗设施等。因为集体消费是适应于居住在某一空间区域中的人的，因此它就有了一个空间的所指对象。① 空间区域中的所有公民都平等地享有公共物品和公共服务，是空间政治的正义追求，是空间政治学中"共同的善"。区域一体化，正契合了空间政治的这一价值取向。所谓一体化，应该是经济社会的全面一体化，那么，毋庸置疑，公共物品和公共服务的一体化和公平分配也是区域一体化的题中之义。

区域一体化意味着空间结构在整合中被不断优化。空间政治学的一个基本观点是，空间是生产出来的。勒菲弗一直反对传统社会理论单纯视空间为社会关系演变的容器或平台，反之指出它是社会关系至为重要的组成部分，空间既是在历史发展中生产出来的，又随历史的演变而重新结构和转化。② 按照这一逻辑，区域一体化的过程就是空间的生产过程。随着一体化程度的加深，空间结构也会发生相应的变化，并且这种变化应该是一个从单一走向多元，从封闭走向开放，从无序走向有序的过程。或者说，区域一体化是一个空间结构整合的过程，并在整合中不断得以优化。

二、区域一体化面临的空间政治问题

区域一体化的前景令人向往，但要真正实现这一目标却任重道远。国内众多地区的实践表明，推进区域一体化面临着一系列空间政治难题。

（一）空间剥夺：客观存在的空间等级结构

所谓空间剥夺，指的是在某一空间区域中，一部分人可以通过直接或间接的手段"合法"地占有其他人的收益。"剥夺者"和"被剥夺者"往往是分群而居的，他们按照既定的"规则"享有不同的权利和政治经济地位。空间剥夺现象在古希腊城邦中就已经产生了。那一时期的公民就是空间政治中的剥

---

① 包亚明：《现代性与空间的生产》，上海教育出版社 2003 年版，第 62 页。
② 包亚明：《现代性与都市文化理论》，上海社会科学院出版社 2008 年版，第 110—111 页。

夺者,奴隶则是空间政治中的被剥夺者。 几千年来,空间剥夺现象不但没有消除,反而随着现代文明的发展而成为一种"合理的存在",并且其表现形式和手段也更加多样化,更具有隐蔽性。

　　在城市化快速推进的今天,空间剥夺这一问题再次被一些学者提起。 在当今任何一个大城市中,中心区与边缘区的分野都显而易见。 与此相伴相生的则是不同阶层人群的不同空间分布、基础设施和公共服务的不公平分配。不同阶层的人群居住在不同的区域,拥有不同的公共资源,享受着不同的公共服务。 总之,不管哪种资源成为稀缺资源,它都会立刻体现出一定的阶层特征。 于是,人们不得不追问政府的责任底线。 例如,"公共服务均等化"概念的提出,就充满了反对空间剥夺的含义。 既然法律面前人人平等,公民就应该无差异地享有政府所提供的一切公共服务。 但遗憾的是,这种理想的权利平等始终无法实现。 公共服务均等化的问题刚提出不久,就被加上了"基本"这个限定词。 从公共服务均等化到基本公共服务均等化,反映了公民权利的巨大让步。 即便如此,基本公共服务均等化推行起来仍然面临许多挑战。

(二)空间壁垒:进入大都市的权利

　　所谓空间壁垒,意指某一空间区域的人们进入另外一个空间区域时所受到的限制。 空间壁垒主要有两种表现形式:一是区域政策壁垒的空间化;二是区域经济结构的空间化。 这两者是相互作用的,区域政策影响着区域经济结构,区域经济结构反过来又进一步影响区域政策。 其中,区域政策在空间壁垒形成过程中占据主导地位。 空间壁垒在发展中国家体现得较为明显,如我国的城乡二元结构和户籍制度。

　　通常情况下,一地政府所提供的公共服务的水平与该政府所在城市规模的大小和经济总量的大小成正比例关系。 那些小城市的居民如果试图享有与大城市相同的公共服务水平,就只能依靠自身的力量来达到这个目标,比如具备一定的资本或者学历。 而在市场经济条件下,资本、人才等又是稀缺要素,不同地方政府为了发展本地经济必然要围绕这些稀缺要素展开竞争或者对要素流动设置种种障碍。 于是,许多公民进入大都市的权利就受到限制。

至于那些既没有足够的财富又没有高学历的公民,想要"用脚投票"是很困难的。

(三)空间失灵:被遗忘的地带

空间失灵是一个比较模糊的概念,学术界对此尚未形成统一观点。 笔者认为,所谓空间失灵,就是市场失灵和政府失灵同时存在的空间化表征。 单一的市场失灵或政府失灵并不罕见,但如果这两种情况同时出现在一定的空间区域,就会对这一空间区域产生严重的负面影响。 空间失灵,意味着特定的空间区域无法实现正常发展,成为被遗忘的地带。

空间失灵现象在行政区与行政区的交界处最为常见。 例如,在北京与天津之间的一些地方,由于距离两个经济中心都较远,缺乏必要的资源禀赋,难以吸引资本、人才等要素,而区域规划又没有惠及这些地区,于是造成这些地区的经济社会发展缓慢,空间结构固化。 另外,随着区域经济的迅速发展和人类活动多样性的增强,许多公共问题都越来越体现出"脱域"的特点。 公共问题和公共事务不再局限于某一空间区域,而是逐渐演变成了区域性公共问题和区域性公共事务。 区域性公共问题大量出现,反映了市场机制调节能力的有限性,同时也对权力机制提出了新要求。 但是,在地方政府竞争日益激烈的情况下,政府可能无暇顾及或者缺乏足够的动力去解决区域性公共问题。 长此下去,空间失灵问题就会越积越多,越来越严重。

三、空间政治问题产生的原因分析

根据空间政治学的空间生产理论,空间的生产就是空间被设计、开发、使用和改造的全过程。 而空间政治问题,正是伴随着空间的生产过程而出现的。

空间生产过程是一个历史过程。 政府和市场是决定空间生产的两种主要力量。 通常情况下,这两种空间生产机制是交织在一起的。 根据两者之间不同的搭配关系,可以把空间生产机制分为两种基本类型:市场主导型和政府主导型。 市场主导型,即市场的力量在空间生产过程中起主要作用,而政府的力量只是作为一种必要的补充。 政府主导型则恰恰相反。 从理论上来讲,市场主导型的空间生产机制是最理想的，有利于限制政府权力的扩张，有利于空间结构向着自然状态演进，也体现了公民权利在起点上的平等。 但是，市场主导型的空间生产机制存在一些难以克服的缺陷。 因为，并不能从起点上的平等推导出结果上的平等，自然演进的空间结构必然会呈现出一种差序空间格局，而这种差序空间格局又会反过来进一步限制公民权利的平等。 这是一个恶性的循环积累过程。 显然，这与现代政治文明的发展方向是背道而驰的。 尊重公民权利，维护个体利益，既是公民意识觉醒的现实要求，也是改善政府职能的重要方面。 因此，政府必须介入空间生产中来。

但是，政府干预并不一定意味着空间生产机制的优化。 在政府主导的空间生产过程中，政府由于具有超然的权力而摆脱了应有的外在约束。 在不受约束的情况下，政府的行为完全靠自觉。 于是，一个政府自主性的问题就出现了。 政府，既是公共利益的代表，也有着自身的特殊利益。 尤其是在追求政绩合法性的情况下，地方政府可能会为了实现某一政绩目标而不计成本。 这一点在我国区域一体化的实践中体现得非常明显。 例如珠三角地区，各个城市的内部一体化尚未实现，整个珠三角地区的一体化却搞得轰轰烈烈。 其根源就在于外部一体化比内部一体化更能出政绩，更能赢得中央政府的关注。 此外，政府作为一种空间生产机制还存在不作为的情况。 对于那些能够带来丰厚政治经济收益的空间区域，地方政府往往会竭尽全力地去开发，而对于那些投入高、收益少的空间区域，地方政府可能会漠不关心，或者只是做一些"表面文章"。 政府有选择地进行空间生产，背离了其应有的职能，不仅没有弥补市场机制的不足，反而使得空间生产出现了异化。

综上，市场主导型的空间生产机制是导致空间剥夺问题的主要原因，政府主导型的空间生产机制是导致空间壁垒问题的主要原因，而空间失灵的成因则是在市场机制没有发挥正常作用的同时，政府也没有很好地履行应有的职能。 当然，这只是一种理论上的分析，现实中的情况要复杂得多。 但无论怎样，区域一体化面临的这些空间政治问题都是由空间生产机制造成的。

四、空间再生产：消除空间政治问题的途径

推进区域一体化，必须消除现有的空间政治问题，而消除的途径就是进行

空间再生产。 可通过建立一种新的空间再生产机制，来弥补原有空间生产机制的不足。 这个任务，应该主要由政府来承担，并充分发挥相关各方的作用。 因为市场的构成主体是模糊的，市场自发调节在短期内效果甚微，而一个有效的政府则可以通过强制力和与社会的良性互动来重塑空间政治结构。 具体来讲，构建空间再生产机制可以从以下几个方面来努力。

(一)转变对政绩合法性的认识，着力解决民生问题

政绩合法性问题，曾经一度成为学术界的热点话题。 实际上，当时有些认识已经偏离了合法性的核心议题。 所谓合法性，其本质在于公民的认可，而不是其他。 如果说改革开放之初追求经济高速发展是为了巩固合法性的话，那么，现在到了必须通过解决民生问题来巩固合法性的阶段。

现在，不少地区提出的"区域一体化"战略或许是出于谋求政绩的冲动，但无论怎样，区域一体化的实施都离不开空间政治问题的妥善解决。 换句话说，就是要先实现区域内部一体化，解决好民生问题，保证所有的公民在空间区域内享有同等的权利和自由。 经济发展到目前这个阶段，如果还坚持"唯GDP论"，只会让空间政治问题变得更加严重。 固然，实现公民空间政治权利的平等不是一朝一夕就能够做到的。 但是，各级政府，特别是地方政府，必须予以重视，并逐步将工作的重心转移到这方面。 要保障同一空间区域内的公民享有同样的权利和公共服务水平是一项系统工程，必须进行科学规划，制定合理的短期、中期和长期发展目标，并辅以相应的配套措施，有计划、有步骤地逐步推进。

(二)改善地方政府间关系，加强地方政府合作

区域一体化必然要涉及地方政府间关系的调整。 从一体化的目标来看，推行区域一体化是为了实现区域内资源共享和协调发展，于是就面临着各个地方政府之间的利益协调问题。 地方政府具有四重属性：第一，作为中央政府的下属机构，代表国家利益；第二，作为辖区政府，代表地方利益；第三，作为一种特殊的组织，具有一定的组织利益；第四，作为施政平台，是党政领导施展政治抱负的场所。 因此，地方政府实际上是一个多重利益交织的复合

体。 地方政府的多重属性、多重利益导致了地方政府间关系协调上的困难。

推行区域一体化，解决空间政治问题，必须加强地方政府之间的合作。首先，要增强区域内各地方政府的区域认同感。 认同是合作的前提。 只有具备区域认同感，合作意愿才更容易出现，合作共识才更容易达成。 其次，要建立完善的谈判与协商机制。 地方政府之间的合作，往往以增进利益为基本动机，因此，围绕各种利益展开谈判和协商就不可避免。 这也是地方政府合作过程中的必要程序。 地方政府之间的谈判协商，应该建立在"自愿、平等、互惠、互利"的原则之上。 再次，要建立合理的利益补偿与利益分享机制。 这一机制是决定地方政府合作成效的关键，许多区域合作难以取得实质性进展的主要原因就是没有建立一个能够让各方都认可的利益补偿与利益分享机制。 尤其是在合作初期，通过横向财政转移支付来补偿利益受损者非常重要。 否则，长期的利益共享就不可能实现。 最后，要建立健全监督和约束机制。 地方政府之所以能够走出"集体行动的困境"，其中的一个重要原因就是合作各方是一种重复博弈关系。 倘若没有监督和约束，有的地方政府就可能会出现一次性博弈中常见的策略性行为，最终导致合作破裂。

（三）培养健康的公民精神，实现多中心区域治理

推进区域一体化，解决空间政治问题，不能成为政府的"单边"行动。因为空间政治问题至少涉及 3 个基本主体：政府、公民和社会组织。 要想较好地解决区域一体化进程中面临的空间政治问题，必须加强政府和公民的互动，大力发挥社会组织的积极作用，形成一种多中心、多主体的区域治理格局。 只有这样，才能最大限度地避免空间失灵问题的出现，同时，也能够促进空间剥夺、空间壁垒等问题的消除。

在多中心区域治理中，不同主体有着不同的职责。 政府，是区域治理中最重要的主体，其职责除了大力解决民生问题以外，还要为社会组织参与治理提供必要的条件和空间。 市场做不好的可以交给政府去做，如果政府也做不好或者不愿做，不妨交给社会组织去做。 社会组织完全可以在区域治理中大有作为。 社会组织以非营利性、志愿性和社会性为主要特征，可以在许多领域弥补政府管理的不足，它们既是差的政府政策的反对者，也是好的政府政策

的支持者，既可以为公民承担社会责任提供平台，也可以为需要帮助的公民提供必要的服务。公民作为个体，需要具备政治参与的基本素质，这也是民主政治和公共政策民主化的重要前提。公民社会的发展，离不开健康的公民精神的培育。必要的知识、理性的思考、恰当的表达，是公民参与区域治理的重要基础，也是空间政治有序化的基本条件。总之，只有政府、公民和社会组织这三方各司其职、各尽其责、相互配合，空间政治难题才能得到有效破解，区域一体化才能顺利推行。

3

第三章　城市化进程中的府际合作

第一节　都市圈与区域公共管理创新

都市圈是现代经济社会发展进程中一个具有划时代意义的区域形态，是城市化进程发展到高级阶段的必然结果。人地矛盾、城乡差距和追求高增长的政府目标，使得以快速城市化拉动经济发展在今后一段时间里仍将是我国政府的战略选择。相应地，积极实施都市圈战略、促进都市圈一体化，也将成为地方政府推动区域发展的重要手段。同时，都市圈一体化也将反作用于地方政府，促使地方政府不断进行改革创新。

一、我国都市圈的发展及其公共管理诉求

都市圈一般有一个或多个中心城市，并以发达的联系通道为依托来吸引和辐射周边城市与区域，带动周边地区经济社会发展。通常情况下，都市圈以 120 千米为半径，覆盖 4 万—5 万平方千米，大约能够容纳 5000 万人口。有学者提出中国可以建设 20 个都市圈。

与快速推进的城市化相比，我国的政府管理水平已经开始滞后于实践的发展。地方保护主义、产业同构、重复建设、政策壁垒等严重阻碍了都市圈

一体化进程的顺利推进。 究其原因,在于传统的"行政区行政"难以满足区域经济的发展要求。 行政区行政是以地方政府明确的单位行政区域域限作为管理出发点的,这种以行政区划的人为切割来治理国家和地方的权力运行模式是一种"闭合"模式。[①] 然而,都市圈的发展却使得许多公共问题具有了"脱域"特征。 面对"脱域"问题,单个地方政府往往无能为力。 而如果试图通过调整行政区划来解决跨界问题,则又会带来新的跨界问题,因为只要存在行政边界就难免会出现跨界纠纷。 因此,推进都市圈一体化,必须跳出调整行政区划的思路,从行政区行政走向区域公共管理(区域治理),以区域公共管理创新来推动都市圈的发展。

二、都市圈一体化进程中区域公共管理创新的动力

区域公共管理创新的要义在于地方政府之间的协调与合作。 固然,在当前的政府体制下,区域公共管理创新仍然面临着许多制约因素,但乐观地看,地方政府仍然有加强区域协作的动力。 这种动力是多方面的,既有外在动力,也有内在动力,既有经济上的动力,也有政治上的动力。 概括起来,区域公共管理创新的动力主要来自 3 个方面。

(一)促进区域经济发展的需要

发展是公众和政府共同的现实期望。 坚持以经济建设为中心,是我国的基本发展战略,也是每一个地方政府的重要职责所在。 促进都市圈经济发展是区域公共管理创新的基本动力,因为都市圈内各个地方都能够从创新中获益。 随着我国社会主义市场经济体制的确立,各种市场要素已经能够自由流动。 但同时,普遍存在的"行政区经济"现象也表明,要谋求都市圈的进一步发展就必须在更广阔的地域内实现资源的优化配置,而要在不触动行政区划的前提下达到这一目标就必须加强地方政府合作。

根据区域经济理论,区域经济在发展过程中要经过集聚和扩散 2 个基本

---

① 杨爱平、陈瑞莲:《从"行政区行政"到"区域公共管理"——政府治理形态嬗变的一种比较分析》,《江西社会科学》2004 年第 11 期,第 23—31 页。

阶段。在区域经济发展初期，市场要素会向增长极集聚，从而形成一种"中心（增长极）—外围（腹地）"的经济地理形态。在集聚效应发挥主要作用的阶段，经济中心和周边地区在资源禀赋上往往是互补的。此时，各地方政府都会认识到"发展需要联合"，只有加强合作，才能各取所需，在共同发展中实现共赢。因此，在经济增长的激励下，它们有较强的创新动机。这一点在经济发达地区表现得尤为明显。例如，地区经济联合市长联席会、城市经济协调会、行政首长联席会议等区域协调组织，都是区域公共管理创新的典型代表。而对于经济欠发达地区来说，资源匮乏、环境恶劣、基础设施薄弱等不利条件使得当地政府面临着比发达地区更大的发展压力。在缺乏先天优势的情况下，如果不想被其他地区拉得太远，就"需要联合发展"。只有联合发展，才能迅速提高区域竞争力，只有不断创新，才有可能实现跨越式发展。这一点，在那些欠发达的都市圈中表现得较为明显。总之，不管是"发展需要联合"还是"需要联合发展"，区域经济发展都是区域公共管理创新的持续动力。

（二）提高都市圈治理水平的需要

提高都市圈治理水平关系到民众对地方政府的认同，因此，这也是区域公共管理创新的重要动力。随着我国经济社会的发展和人民生活水平的提高，民众对政府提供的公共物品的数量和质量都提出了新的要求。但是，就目前的情况来看，许多区域层面的公共问题没有得到有效解决，并且一些新的公共问题还在不断出现。而诸如环境保护与生态治理问题、人口与资源问题、基础设施建设问题、经济合作与协调问题等，都已经超越了单个行政区域的界限，解决这些区域性公共问题需要加强地方政府合作，并在合作中不断创新治理方式。

从公共物品理论来看，都市圈内公共事务和公共问题的大量出现反映了区域性公共物品供给不足。区域性公共物品供给不足的主要原因在于供给主体的缺失和供给方式的落后。区域性公共物品如果由国家来提供，必然是缺乏效率的，因为国家的首要职责是提供全国性公共物品。而如果让地方政府各自单独提供，溢出效应的存在又会导致在某些区域性公共物品供给过剩的同时，另外一些区域性公共物品却供给不足。这种治理困境如果长期存在，势必会影响民众对地方政府的认同。 如何才能走出都市圈治理的困境？ 关键在于引入"整体政府"和"整体性治理"的理念。 因为，在一定程度上，整体性治理是从技术角度来理解的，技术要求从分散走向集中，从部分走向整体，从破碎走向整合。① 只有改变这些公共物品的供给方式，让地方政府在合作中不断创新，都市圈治理水平才会得到提高。 相应地，民众对地方政府的认同感也会增强。

（三）地方官员追求政绩的需要

中央组织部 2009 年下发的《地方党政领导班子和领导干部综合考核评价办法（试行）》第六章第二十九条规定，地方党政领导班子和领导干部的实绩分析，主要内容包括：一是本级党代会、人代会确定的中长期发展规划和年度工作目标，上级统计部门和有关主管部门综合提供的经济发展水平、经济发展综合效益、城乡居民收入、地区经济发展差异、发展代价，基础教育、城镇就业、医疗卫生、城乡文化生活、社会安全，节能减排与环境保护、生态建设与耕地等资源保护、人口与计划生育、科技投入与创新等方面的统计数据和评价意见；二是民意调查反映的群众对当地经济社会发展状况的满意度；三是上级审计部门提供的经济责任审计以及相关的审计和专项审计调查结论、评价意见。 因此，要想比其他地区发展得更快、更好，只能通过创新来实现。 追求政绩是区域公共管理创新的内在动力。

当然，为政绩而创新的做法也要一分为二地来看待。 毕竟，官员创新并不完全是为了自己的仕途，创新也直接影响着社会公众对政府的满意度，并且蕴含着官员"为官一任，造福一方"的个人抱负。 创新所产生的收益，可以分为 3 种：公共收益、组织收益和个人收益。 一般来讲，为政绩而创新，在客观上也确实增进了公共利益。 尤其是在我国现有的政治体制之下，官员的晋升竞争比较激烈，通过创新来提高政绩、引起上级政府的重视，不失为一种健康的竞争手段。 中共中央编译局比较政治与经济研究中心、中共中央党校

---

① 竺乾威：《从新公共管理到整体性治理》，《中国行政管理》2008 年第 10 期，第 52—58 页。

世界政党比较研究中心和北京大学中国政府创新研究中心于 2000 年联合发起了"中国地方政府改革与创新"研究与奖励计划,根据其跟踪调查,在地方政府官员推进创新的过程中,有将近 2/3 的负责官员得到了晋升,或者调动后的职务更重要了。[①]

三、实现都市圈一体化的区域公共管理创新之路

要实现都市圈一体化,只有创新的动力是远远不够的,更应该在都市圈治理实践中不断进行区域公共管理创新。 可以从以下几个方面来努力。

(一)法理与制度层面

1. 明确都市圈发展中的政府定位

都市圈是区域经济一体化发展的结果,都市圈经济的繁荣发展有赖于市场机制的良好运行。 而市场机制的良好运行要求建立统一的市场,也要求政府转变职能以适应市场经济的发展。 在都市圈的发展中,政府与市场都是不可或缺的。 一个强大的市场能够有效地解决资源的优化配置问题,能够使都市圈内各种生产要素向着高回报的方向流动,但是再强大的市场也难以突破行政壁垒,难以保证区域内的公平。 所以,市场不得不依赖政府。 在区域公共管理中,政府转变职能有其特殊性,不应该是单纯地退出市场,而是应该向强化市场型政府转变。

强化市场型政府是指一个政府有足够的权力去创造和保护个人的财产权利,并且能够强制执行各种契约,与此同时,它还受到约束而无法剥夺或侵犯私人权利。[②] 都市圈的经济繁荣缘于政府权力恰当而有效地运用。 在政府与市场是互补关系,而不是替代关系的情况下,如果政府能够从微观经济领域撤出,致力于在宏观经济上推动区域经济的增长,并为都市圈的发展创造良好的条件,那么,这种政府职能转变就是成功的。

---

① 王国红:《地方政府创新的动力与条件》,《学术论坛》2010 年第 5 期,第 59—62 页。

② 曼瑟·奥尔森著,苏长和、嵇飞译:《权力与繁荣》,上海人民出版社 2014 年版,导读第 3 页。

2.妥善处理府际关系

都市圈中的府际关系有 3 种：纵向关系、平行关系和斜向关系。 对于省内的都市圈而言，如武汉都市圈、郑州都市圈等，其府际关系主要是纵向关系。 而对于南京都市圈（涉及江苏省和安徽省）、重庆都市圈（涉及重庆市和四川省）等，其府际关系就还包括同级地方政府之间的平行关系和既级别不同又不互相隶属的斜向关系 2 种。

都市圈中的纵向关系相对较为简单，统一的行政管辖使都市圈的发展规划容易得到贯彻执行，即使在区域公共管理中产生了冲突，也能够在上级政府的协调下及时得到妥善解决。 因此，这种情况对都市圈的发展是比较有利的。 但是，也要注意上下级政府间的利益之争，防范上级政府的不公正倾向。

都市圈中的平行关系和斜向关系相对较难处理，由于不存在领导与被领导、管辖与被管辖、监督与被监督关系，地方政府间的利益之争比较普遍。在这样的情况下，借助区域经济发展的成果，应该把府际关系引导为伙伴关系。 伙伴关系的特征表现为：①能够制造合作者之间的协同效应；②能够将风险分散给各参与者；③有助于一个参与者影响另一个参与者；④能够获得更多财政资源；⑤能够减少公开冲突，创造和谐政策氛围，促进政治合作；⑥减少对政府过多的要求，并创造更广泛和更分散的责任制。[①] 这种利益、风险以及责任共担的伙伴关系，可以有效地减小每一个地方政府处于矛盾中心的可能性，能够较好地降低区域公共管理的机会成本。

3.建立地方政府合作机制

我们可以在平等协商、自愿参与、利益整合的原则下构建都市圈发展中的地方政府合作机制。 都市圈可以划分为内圈层、中间圈层和外圈层 3 个部分，由此，可以形成 3 种不同的合作机制。 第一种是内圈层地方政府间的合作。 这种合作是由于市场需要自发形成的，是自下而上的，以市场为主、行

---

① 英厄马尔·埃兰德著,项龙译:《伙伴制与城市治理》,《国际社会科学杂志》(中文版) 2003 年第 2 期,第 21—34 页。

政为辅。 第二种是内圈层与中间圈层政府、内圈层与外圈层政府以及中间圈层与外圈层政府间的合作。 这种合作是一种有条件的合作，需要内圈层政府或中间圈层政府发挥主导作用，主动去沟通协调，从而统一市场。 第三种是中间圈层政府之间的合作和外圈层政府之间的合作。 这种合作机制基础相对薄弱，主要基于产业分工和劳务流动，因此往往需要中间圈层政府或外圈层政府进行利益整合。

（二）管理与技术层面

1.治理主体多元化

在都市圈内部，治理主体往往是一元的。 在地方政府间缺乏合作的情况下，各个行政区都是独立行使公共权力的，目前的行政组织结构使得政府权力的运行表现出极为明显的单向性和闭合性特征。 这种治理方式无疑会给区域公共管理带来一些不必要的麻烦，导致资源配置效率低、交易成本过高、决策缺乏民主化和科学化等问题。 地方政府间有自发合作，确实有利于解决都市圈内的公共问题，但是，用纯政府间的合作解决公共问题的效果还不能令人满意。不同地方政府之间的利益之争是客观存在的，在缺乏外部权威和制约的情况下，难免会产生"好事"抢着干、"坏事"互相推诿扯皮的情况。

因此，必须改变公共权力的运作方式，引入多元化治理主体，既要有都市圈内官方的地方政府，也要有非官方的民间组织和私营部门以及其他相关的自愿组织。 这样，都市圈内就形成了地方政府与民间组织、私营部门等多元主体共同治理的新格局。 治理主体的多元化可以变单一权威为分散化权威，变权力运行的单向性为互动性。 这种"多中心"治理方式是建立在对公共利益共同关注和互相认可的基础上，通过协调、谈判、委托等多种方式达到合作目的的。

2.都市圈内公共政策一体化

想要顺利推进都市圈一体化，需要具备完备的公共政策，以落实都市圈规划。 不少都市圈规划做好以后，因为没有相应的政策措施加以落实，所以形同虚设。 都市圈发展规划只有落实到行动上，才有可能取得切实的效果。 落实规划之前，首先要解决地方政府之间政策"打架"的问题。如果在都市圈的发展规划获得批复以后，各个地方政府仍然各自奉行自己的一套政策，都市圈的发展就会受到严重阻碍。因此，必须在都市圈内实行公共政策一体化。都市圈内公共政策一体化可以把外部效应内在化，从而达到降低交易成本、维护公平竞争、促进生产要素合理流动的效果。

都市圈的发展对 3 类政策一体化的需求较为迫切，即竞争政策、服务政策和财税政策。所谓竞争政策一体化，就是要逐步取消一切妨碍商品和要素自由流动的行政壁垒和歧视性规定，促进都市圈内统一市场的发育和完善。所谓服务政策一体化，就是要在户籍政策、教育政策、人才政策、社会保障政策、住房政策等与公民自身利益密切相关的政策上实现统一规定、共同实施，从而为人才流动、信息共享等提供良好的政策环境。所谓财税政策一体化，就是要在财政收支和税收分成上加以规范，注意利益协调和利益补偿，从而规范都市圈内的外商投资和竞争行为。

第二节　地方政府合作与区域空间结构的协同演化

在城市化进程中，区域发展会表现出不同的空间结构，如单中心、双中心和多中心等，也可能没有明显的区域中心。不同地区的空间结构会有所不同，同一地区在不同的历史时期也会有不同的空间结构。区域空间结构的形成过程是一个伴随着区域经济增长的演化过程。从推动力来看，其演化路径大体上可以分为 2 类：市场主导型和政府主导型。在市场主导的情况下，区域空间结构的演化路径一般表现为从单中心发展到多中心。而在政府主导的情况下，区域空间结构的演化路径则表现为从单中心到双中心再到多中心。

综观我国的区域发展状况，可以看到：我国中西部地区空间结构的演化基本上是市场主导型，并且不少地区还处于单中心阶段；而东部和南部沿海地区空间结构的演化则明显地表现出政府主导的特征，并且总体上处于双中心阶段，个别地区如江苏、浙江、广东已经向多中心阶段发展。结合我国的"点—线—面"发展策略，可以发现，国家规划和地方政府政策与区域空间结构的演化存在着一定的相关性，如我国东部和中部地区空间结构的差异在很大程度上就是由于改革开放以来对部分沿海城市实行经济特区政策和计划单列政策造成的。同时，由于国家规划和地方政府政策深刻影响着地方政府合作和府际关系的走向，因此，地方政府合作与区域空间结构在客观上存在着协同演化现象。

一、地方政府合作与区域空间结构协同演化的机理

地方政府合作与区域空间结构是协同演化的，两者之间存在着相互反馈关系，地方政府合作影响区域空间结构的演化，区域空间结构的演化反过来也影响地方政府的合作。

（一）地方政府合作对区域空间结构演化的影响

地方政府合作主要通过区域空间布局、地域分工和区域空间整合来影响区域空间结构演化。

1.地方政府合作影响区域空间布局

从自组织与被组织理论来看，地方政府合作是形成区域空间结构的主要被组织机制。地方政府是被组织机制的执行主体，通过宏观调控来影响区域空间布局。地方政府的宏观调控行为可以分为引导性行为和强制性行为。引导性行为是指区域内各地方政府运用政策手段引导企业的区位选择，共同制定相应的协调机制以协调城市的布局，决定交通运输、电力、通信等区域性基础设施网络的建设等。强制性行为是指用行政手段决定城镇的设立及其区位，通过区域内部城市政府间的友好协商或官方合作机构来共同处理区域公共问题等。以城市群空间结构为例，通常情况下，城市的规模与所在地行政机关的级别相对应，因此各城市间的联系首先表现为不同等级城市间的行政联系，但由于政府决策对经济发展具有重要影响，客观上又造成城市之间较为密切的经济联系，进而在各级各类城市相互合作的基础上形成特定的城市体系。

2.地方政府合作影响地域分工

基于比较优势出现的地域分工是区域经济发展的强大推动力。地域分工可以分为生产分工和功能分工。 一般而言,生产分工是由各地区的要素禀赋决定的,在要素禀赋相近时,则由双方协议产生。 功能分工是因原来的城市空间容量达到了极限,城市功能向邻近地区扩散而造成的,如政治中心与经济中心的分离。 这2种分工都需要通过地方政府合作来加以协调,否则,完整的区域社会生产体系就很难建立起来,人口过密、交通拥堵、环境污染等大城市病也将越来越严重。 尤其是在区域间竞争日益激烈的背景下,区域内"合作则两利,不合作则两败俱伤"的态势愈加明显,通过地方政府合作形成合理的地域分工体系就变得愈加重要。 因此,不少地区鼓励发展大城市周边的中小城镇,把大城市建设成为公司总部、研究机构与专业人才的集中区,把次级城市转变为加工组装基地。 这样做的结果就是新城镇的出现乃至城镇密集区的形成,最终可能以这一大城市为核心形成都市圈或者城市群。

3.地方政府合作影响区域空间整合

世界各国区域经济发展的实践表明,要提高区域竞争力,关键在于各成员单位之间的联合与互动。 而基于共享和互补原则的区域空间整合,正是区域空间结构从无序走向有序、从不完善走向比较完善的最佳方式,是对现有区域空间格局的突破。 因为在特定区域内,各地区的生产要素往往存在一定的互补性,有的地方在自然资源、初级劳动力资源等初级生产要素上比较有优势,有的地方在资本、高科技人才等高级生产要素上比较有优势,这就需要通过政府规划和政策引导来实现合理配置。 毕竟,市场的作用是有限的,整合区域空间结构离不开行政力量的干预。 加强地方政府合作,协调和平衡利益关系,能够促进区域内商品和市场要素的自由流动,促进区域产业结构调整,实现以跨地区企业集团为龙头的企业联动,实现以畅通的交通运输为载体的基础设施联动,优化区域空间结构。①

(二)区域空间结构演化对地方政府合作的影响

区域空间结构演化对地方政府合作的影响主要体现在合作共识、合作范

---

① 聂华林、赵超:《区域空间结构概论》,中国社会科学出版社 2008 年版,第 259—261 页。

围、合作领域以及合作机制 4 个方面。

1. 区域空间结构演化影响地方政府合作共识

地方政府合作出现的基本条件是各方形成合作共识，而合作共识的产生是需要多种力量共同推动的。我们不妨以单个城市的发展来说明地方政府的合作共识是如何产生的：首先，在区位优势的基础上，各种市场要素或是在政策引导下或是在市场规律作用下向某一地区聚集，从而使该地形成经济中心。其次，随着经济中心的不断发展壮大和城市化水平的不断提高，一个具有一定政治地位、经济地位和文化意蕴的城市得以形成。随着综合实力的不断提高，该城市的发展会对国家战略、当地官员的晋升以及当地的公共物品供给水平等方面产生持续影响。这 3 个主要方面又分别关系到中央和上级政府的态度、当地领导的态度以及企业和市民的态度。同时，在集聚扩散效应下，该城市也会对周边地区产生影响。最后，在多方力量的共同推动下或是在多方协调之下，地方政府的合作意愿得以强化。依此原理，当 2 个或多个地方政府都具备合作意愿时，合作共识就容易达成。

2. 区域空间结构演化影响地方政府合作范围

区域空间结构演化中存在着近邻效应，即区域内各种经济活动之间或各城市之间的空间位置关系会对其相互联系产生影响。根据地理学中的空间距离衰减原理，在区域空间结构发展过程中，由于空间距离远近不同，各地区间联系的程度不同，地方政府之间发生联系的机会和联系程度也就存在差异。空间近邻效应使得区域经济活动就近扩张，在满足发展所需条件的前提下，各种经济活动一般都会采取由近及远、逐步推进的方式来扩大自己的影响空间、寻求合作伙伴、建立分支机构等。与此相适应，地方政府合作的范围一般也表现为由近及远的扩展。这一点在我国的环渤海地区、珠三角地区和长三角地区这三大经济区域都有所体现。当然，近邻效应对地方政府合作范围的影响不是绝对的，比如我国就长期存在着东部城市对口援助西部城市的情况，这需要中央政府的引导。

3. 区域空间结构演化影响地方政府合作领域

在区域空间结构演化的过程中，区域内地方政府合作的领域也在不断变化,表现为"经济合作—社会合作—全面合作"的发展趋向。 首先,在区域经济发展的初级阶段,地方合作的领域较少,主要是资本、劳务和旅游等方面的自发性合作。 然后,随着区域内经济联系的不断加强,基础设施建设合作的重要性日益凸显,尤其是交通一体化成为区域发展的迫切需求。 于是,以区域内各个大城市为中心的区域交通网络开始形成。 其次,经济的发展也会带来一些区域性公共问题,如环境保护、流域治理等,解决这些区域性公共问题需要地方政府之间的通力合作,也需要公民和非政府组织的广泛参与。 最后,随着区域一体化步伐的加快,中心城市之间的实质性合作得以推进,全面破除此前中心城市之间长期竞争导致的政策壁垒成为区域经济发展的关键。此时的合作领域是最为广泛的,因为地方政府之间需要在"错位"发展、产业结构整合、公共服务一体化等方面进行协调。

4.区域空间结构演化影响地方政府合作机制

伴随着区域空间结构的演化,地方政府合作机制也在不断完善。 在单中心阶段,自愿、互惠是合作的前提条件,合作比较容易出现。 但是,在晋升激励的作用下,地方官员的合作态度具有明显的机会主义倾向。 在双中心阶段,各中小城市已经意识到只有与大城市密切合作才能发展得更快,所以,围绕 2 个经济中心分别开展的地方合作得到充足的发展。 而且,2 个经济中心在长期竞争中也逐渐形成了一种特殊的竞合关系。 此时,经济中心具有承担初始合作成本的能力,而中央或上级政府出于区域整体发展的考虑会极力促成 2 个经济中心的合作,因此,以 2 个经济中心为主导的区域合作协议也就容易达成。 但是,如果缺乏必要的维持机制,合作协议就有可能得不到有效执行。 在多中心阶段,各个城市发展速度和发展潜力的不同导致了各城市相对地位的变化,由此也引发了利益需求和谈判能力的变化。 所以,地方政府合作机制在多中心阶段会被不断调整和完善,进而形成一系列较为合理的谈判协商机制、利益补偿与分享机制以及监督和纠纷解决机制。

(三)地方政府合作与区域空间结构的动态演化关系及其实现条件

从上述分析中可以看出,地方政府合作与区域空间结构之间存在着相互反馈关系。 地方政府合作从区域发展科学化的角度来审视现有的空间结构，通过发展规划、行政协调来引导区域空间布局，促进地域分工专业化和区域空间结构整合。 而区域空间结构则从区域经济发展的角度对地方政府合作提出要求，通过影响地方政府的合作共识、合作范围、合作领域和合作机制来不断改善区域内府际关系，提高地方政府合作水平。 地方政府合作水平的提高反过来又作用于区域空间结构，在更高的非均衡层面上形成区域空间结构合理化发展的约束瓶颈。 也就是说，地方政府合作与区域空间结构表现为一种"不协调—协调—不协调—协调—不协调—协调"的螺旋上升式的演化轨迹。

显然，根据协同演化原理，地方政府合作在时间维度上与区域空间结构保持一致是实现两者协同发展的关键。 只有不断改善府际关系，加强地方政府合作，区域空间结构才能朝着科学化、合理化的方向发展，并形成一种良性的路径依赖。 而如果不及时调整府际关系，就必然会对地方政府合作与区域空间结构的协调发展造成障碍，甚至有可能导致演化过程的中断。

二、珠三角城市群的实证分析

(一)珠三角城市群空间结构演化过程

基于上述认识，笔者以珠三角为例，使用珠三角地区 1978—2009 年间的统计数据，对前文所提出的演化过程进行验证。

珠三角的地理范围包括广州、深圳、佛山、东莞、珠海、中山、江门、惠州、肇庆。 根据改革开放以来珠三角地区各城市历年的地区生产总值(GDP)和人均地区生产总值(仅列出个别年份，见表 3-1)，结合该区域城市体系变化情况(见表 3-2)，可以把珠三角地区经济空间结构的演化过程分为单中心、双中心和多中心 3 个阶段。

表 3-1　珠三角地区各城市历年 GDP 和人均 GDP

城市	1978 年		1990 年		2000 年		2006 年		2009 年	
	GDP/亿元	人均GDP/元	GDP/亿元	人均GDP/元	GDP/亿元	人均GDP/元	GDP/亿元	人均GDP/元	GDP/亿元	人均GDP/元
广州	43	907	320	5418	2506	25758	6124	62930	9147	80272
深圳	—	—	172	11097	2219	33276	2921	69702	8514	87066
珠海	—	—	41	6678	336	28068	754	52690	1057	68722
佛山	13	559	126	4540	1050	20231	3021	51018	4843	72167
江门	14	455	101	2876	505	12844	944	22858	1338	31021
东莞	6	553	80	6173	821	13563	2636	39287	3817	49601
中山	6	573	51	4490	345	15077	1064	42716	1556	54887
惠州	7	360	49	2110	439	13877	931	24556	1413	33300
肇庆	9	307	57	2055	250	7422	507	13646	793	22671

注:表中数据来源于《广东统计年鉴》。

表 3-2　珠三角地区城市体系变化情况

单位:个

类型	1978 年	1984 年	1993 年	1998 年	2001 年	2006 年	2009 年
特大城市（100 万人以上）	1	1	1	1	2	5	6
大城市（50 万—100 万人）	—	—	1	1	1	3	3
中等城市（20 万—50 万人）	—	5	11	12	13	6	7
小城市（10 万—20 万人）	4	8	15	14	9	5	3

注:表中数据来源于《广东统计年鉴》。

　　单中心阶段(1978—2000 年)。 这一阶段又可以大致分为 2 个时期:第一个时期为 1978 年到 20 世纪 90 年代初期。 这一时期空间结构的特点是,广州作为省会城市是理所当然的经济中心,佛山和江门是经济基础相对较好的 2个城市,而深圳则从无到有,从小县城到经济特区,实现着跨越式发展。 到1990 年,深圳在经济总量上已经赶上并超越了佛山和江门,但与广州的差距仍然较大。 同时,东莞也开始逐步崛起。 第二个时期为 20 世纪 90 年代初期到 2000 年,这一时期深圳在 GDP 和城市规模上接近广州,在人均 GDP 上已经超过广州,珠三角城市群"双核"结构初露端倪。 东莞经过多年的发展,在 GDP 和人均 GDP 上都超过了江门,成为珠三角地区继广州、深圳、佛山之后的第四大城市。

双中心阶段(2001—2006 年)。 这一阶段,广州和深圳成为毫无争议的两大经济中心,两市 GDP 之和在珠三角经济总量中所占的比重呈逐年上升趋势,珠三角城市群"双核"结构进一步巩固。 广州在经济总量上一直保持着微弱的领先优势,而深圳在人均 GDP 上始终保持第一。 面对东莞的竞争,2002 年顺德、南海、三水、高明四市并入佛山,组建后的大佛山也在发展中巩固了珠三角内经济总量第三名的位置,但与广州、深圳的差距依然较大。 珠海虽然经济总量相对不大,但在人均 GDP 上当时一直排在第三。 同时,中山、江门、惠州等市迎头赶上,城市规模迅速扩大。 到 2006 年,珠三角的特大城市数量已经达到 5 个。

多中心阶段(2007—2009 年)。 经过几十年的高速发展,广州和深圳的经济增长速度开始放缓。 大佛山在经过几年的内部磨合之后,经济持续增长,与深圳的差距缩小。 虽然整个区域内经济的集聚作用仍在继续,但扩散作用明显在逐渐增强。 截至 2009 年底,珠三角地区 GDP 达到 3500 亿元以上的市有 4 个,人均 GDP 达到 35000 元以上的市有 6 个,特大城市和大城市共有 9 个。

2022 年,深圳、广州、佛山、东莞在珠三角地区 GDP 上排名前四,均超过了 1 万亿元,其中深圳超过了 3 万亿元。 珠三角地区已形成多中心的城市群,正向着建设世界一流城市群的目标奋进。

(二)与珠三角城市群空间结构共同发展的地方政府合作

珠三角地区经过单中心、双中心两个阶段的发展之后已经形成多中心城市群结构特征,并且开始了区域一体化进程。 与其空间结构演化过程相吻合,珠三角地区的地方政府合作状况也表现出相应的变化。

1. 单中心阶段地方政府合作状况分析

在单中心阶段,珠三角地区地方政府合作具有"整体竞争、局部合作"的特征。 因为区域经济发展的早期阶段是经济中心形成和发展的重要阶段，也是集聚作用起主要作用的阶段。 但是，集聚作用是随着空间距离的增加而递减的。① 所以，在珠三角地区发展的前期，各地级市一般都是当地的经济中心，进而在强大的集聚作用下，形成了一种以市级行政区划为界、以地级市为增长极的多个小规模经济区域并立竞争的局面。 在这种情况下，地方政府之间的关系开始复杂化，既有合作，又有竞争。 邻近各市之间竞争多于合作，增长极与周边地区之间则是合作多于竞争，因为周边地区在与增长极的合作中可以迅速发展壮大。

整体来看，这一阶段珠三角地区的地方政府合作程度不深，并且具有不稳定性。 最初，广州作为最大的经济中心，其周边地区的资本、人才、技术等要素都大量向广州集中。 随后，深圳、珠海经济特区成立，广东其他地区、香港乃至全国的经济要素都向这些新的增长极流动。 广州自然不甘落后，而佛山、东莞、江门等市也以深圳和珠海为榜样，开始想方设法出台各种优惠政策来促进本地的经济发展。 各个城市自身定位不明确，都试图把自己打造成当地的经济中心，这就使得地方政府之间的合作更加脆弱易变。 另外，官员晋升激励制度的设计是以经济发展为政绩考核的主要指标的，由此导致个别地方官员观念异化，存在"如果能从合作中获利就合作，如果不能获利，即使对整个区域有利也不合作"的认识。

这一阶段出台的《珠江三角洲经济区现代化建设规划纲要（1996—2010年）》，虽然有力地促进了区域内地方政府之间的合作，但实质性的合作依然难以开展。 同时也可以看到，把全区划分为 3 个都市区实际上是因为意识到经济中心的影响范围是有限的。 到 20 世纪末，除了东莞积极承接深圳的产业转移之外，其他地方政府对积极推进政府间合作依然缺乏足够的诚意。

2.双中心阶段地方政府合作状况分析

如果说 20 世纪末是地方政府合作的低谷期，那么，21 世纪初则是地方政府合作的回潮期。 这一阶段珠三角地区地方政府合作具有"整体合作、局部

---

① 余海鹏:《区域共同发展的理论与实践》,社会科学文献出版社 2009 年版,第41—42 页。

竞争"的特征。 尤其是提出泛珠三角区域合作以来,区域合作共识不断深化,合作机制不断完善,合作领域不断拓展,合作成效日益显现。 在这种整体合作氛围之下,2 个区域经济中心之间的争夺战显然是一个不和谐音符。 "泛珠三角"概念的提出意味着珠三角地区固有的资源已经难以满足经济发展的需求,珠三角要谋求更大发展就必须扩大腹地范围。 但此时,深圳已经赶上广州,在某些方面甚至已经超越了广州。 因此,部分资源对于广深两市来说就成了稀缺资源,它们在区域合作的大背景下暗中较劲是难以避免的。 金融中心之争就是广深两地中心之争的一个最好缩影。 2003 年,深圳市政府为了把深圳建成区域性金融中心,出台了"金融 18 条"。 2005 年,广州市政府出台了与深圳"金融 18 条"相仿的《关于大力发展广州金融业的意见》,并成立了专门的金融服务办公室。 据业内人士分析,该意见是在参考了深圳的"金融 18 条"之后制定的,有很强的针对性,并被称为"浓缩版广州十条"。[①] 两市大有在政策上一比高下的味道,政府之间的合作当然也就难以正常开展。

可以说,经过几十年的经济发展,珠三角内的大多数城市都找到了自己的定位,这对于统一认识、促进地方政府合作是非常有利的。 但同时,经济发展的不平衡性也导致了不同城市实力的变化,进而引起了相应政治经济地位的变化。 一地经济实力的变化往往会引起当地官员政治地位的改变,城市的行政级别和管理权限也会相应改变,这给地方政府合作造成的影响往往是负面的。 广州和深圳同为副省级城市,广州是省会城市,深圳是经济特区、计划单列市,两市在行政级别上相同,但深圳早在 1988 年就被国务院赋予了相当于省一级的经济管理权限。 因此,在晋升激励的作用下,两市政府官员注重的都是各自的政绩,考虑较多的是如何进一步促进当地的经济发展,而不是珠三角地区的整体发展。

3.多中心阶段地方政府合作状况分析

虽然珠三角城市群在这一阶段初期还不具备完整的多中心空间结构特

---

① 谈佳隆:《广东要做"金融大省"——广州深圳争夺区域金融中心》,《中国经济周刊》2006 年第 14 期,第 34—35 页。

征，但是地方政府合作已经表现出"重新定位、深化合作"的特点。 在 2007
年 5 月 22 日举行的广东省第十次党代会首场新闻发布会上，广州市委副书记
张桂芳在回答记者提问时说"广州和深圳还是兄弟关系"，而深圳市委副书记
白天则明确表态说"广州是兄，我们是弟"。① 从两位市委副书记的言论中
不难看出，广州和深圳已经开始寻找各自的准确定位，而不是一味去竞争。
如果广深两市能够真诚合作，珠三角地区的地方政府合作将会提升到一个新
的高度。 2008 年，《珠江三角洲地区改革发展规划纲要（2008—2020 年）》
出台。 2009 年，广东省委书记汪洋率领珠三角地区 9 个城市的书记、市长，
以落实规划纲要、推进"三促进一保持"和"双转移"工作为主题，先后到 9
个城市进行实地调研并召开现场会，为各个城市提出了新的发展思路。 可以
说，珠三角的各个城市都已经明确了各自新的定位，有了明确的发展方向。
总体看来，在《珠江三角洲地区改革发展规划纲要（2008—2020 年）》获得国务
院批准、珠三角地区的改革发展上升为国家战略之后，珠三角面临着新的发展
机遇。 虽然不能完全排除局部地区出现政府间恶性竞争的可能，但珠三角地
区政府间合作无论是在力度、深度还是广度上，都上了一个新台阶。 党的十
八大以来，珠三角全面实施基础设施建设一体化、产业布局一体化、环境保护
一体化、城乡规划一体化、基本公共服务一体化，珠三角一体化进程在都市圈
战略指导下，正在加速推进。

（三）珠三角城市群面临的发展障碍

虽然珠三角地区的空间结构不断优化，区域一体化有了很大进展，地方政
府合作也取得了一定成效，但在今后的发展中还面临着一些问题。

1. 空间互嵌特征影响城市间关系

珠三角地区城市化的速度非常之快，以至于城镇规划的发展没有能够赶
上城市化的发展。 其结果是，珠三角城市群在空间结构上表现出互嵌特征。
互嵌主要是两个或多个城市的土地互相穿插和镶嵌，如佛山被包围在 6 座城

---

① 《"广州是兄，深圳是弟"广深双城谋共赢》，http://news. sohu. com/20070523/
n250172170. shtml，2007 年 5 月 23 日。

市中间。 由于被包围，城市缺乏必要的发展空间，会造成与周边城市的用地矛盾，导致不同城市间的各种相互干扰和限制。

2.产业转型升级的压力

珠三角地区产业结构总体在逐步优化，但内部不同城市之间的发展不平衡，产业转型升级并不完全同步。 广州、深圳等先行地区发展较早，20 世纪八九十年代通过承接纺织业等劳动密集型产业实现经济发展，在积累一定的资金、技术和人才后，逐步将这些产业向周边地区转移，自身则开始集中发展资金和技术密集型产业。 相对来说，江门、肇庆等城市经济发展较晚，产业转型升级也要慢一些。

3.组团式发展的难点

广东省早在 20 世纪末就提出要把珠三角经济区作为一个大城市群来规划和建设，把全区划分为 3 个都市区，实行组团式发展。 随后，"广佛肇""深莞惠""珠中江"三大都市圈的概念开始频繁见诸报端。 起初，组团式发展难以摆脱"抱团"竞争的质疑。 经过多年的发展，人们已认识到，组团并不是组小圈子，各个都市圈之间不是相互割裂的，更不是互筑高墙。 分开"建圈"，更要携手"破圈"。 在组团式发展的过程中，如何平衡城市之间的关系，做好圈内外联动，避免过度竞争和资源分配不均，是该地区未来发展中需要解决的重要问题。

(四)地方政府合作与空间结构协同发展的策略

为了优化区域空间结构，避免不良府际关系成为区域发展的桎梏，应该继续加强珠三角地区的地方政府合作力度。

1.深入推进珠三角一体化战略

区域一体化是区域发展的大趋势，一体化程度的提高，不仅能够有效地解决市场活动的外部性问题，促进要素自由流动，实现资源优化配置，而且可以在一定程度上改善府际关系。 譬如，"五个一体化"规划的实施，必然会对珠三角城市群的发展产生许多积极的深远影响。 破除行政藩篱，统筹区域发展，既是民心所向，也是政策所指。

2.强化上级政府的政治整合作用

与长三角和环渤海地区不同，珠三角所有的城市都在广东省的管辖范围之内。 这就意味着珠三角具备其他地区所没有的政治整合优势。 事实上，广东省委、省政府在珠三角城市群的发展中一直发挥着重要的协调作用。 一旦遇到地方利益纠缠不清的情况，广东省委、省政府可以充分利用政治整合这个工具来促进地方政府合作。 在这方面，也可以效仿乌鲁木齐市和昌吉回族自治州成立乌昌党委，以"党委一体化"促"区域一体化"的做法：先成立联合党委，再成立联合财政局，然后根据需要合并相关政府机构。 这种"党委一体化—行政一体化—区域一体化"的"三步走"战略在短期内是卓有成效的，能够排除各种不利因素的干扰，较好地实现"财政统一、规划统一、市场统一"的目标。

3.完善利益补偿与利益分享机制

用政治手段来强力推进区域一体化固然有其优势，但加强利益诱导才是长久之计。 在调整政府与市场关系呼声越来越高的今天，用经济激励来弥补政治控制的不足，坚持"以利益诱导为主、政治动员为辅"的原则，应该是广东省委、省政府的理性选择。 实际上，完善珠三角地方政府合作机制的难点就在于利益分配。 尤其是在深入推进一体化过程中，如何分配一体化带来的利益和补偿某些地区在一体化初期的损失，成为合作能否顺利进行的关键。如果能够在广东省委、省政府的协调下，在 9 个城市平等协商的基础上，按照"平等合作、收益共享、合理补偿"的原则，建立更完善的利益补偿与利益分享机制，优化税收相关制度，健全财政转移支付制度，珠三角一体化的阻力将会进一步减小。

4

第四章 对口支援框架下的府际合作

第一节 对口支援的研究视域

对欠发达地区实施发展援助,是世界各国推动区域发展的重要措施。中央政府制定一系列政策解决欠发达地区所面临的经济社会发展障碍,提高其自我发展能力,促进地区协调发展,这是有为政府对有效市场的补充。而对口支援正是在这样的背景下兴起的。

中国有着960多万平方千米土地、34个省级行政区,当前东西部、南北部经济差距较大,在长期的经济发展过程中,西部地区特别是少数民族地区由于地缘位置处于劣势以及历史上没有较好的经济发展基础,与东部地区发展差距较大。另外,少数民族地区经济基础薄弱,教育、社会资源配置水平较低,为了实现"共同富裕"的战略目标,中国的对口支援政策有着很强的政策意义。

各类突发性公共危机也是对口支援需要应对的问题。2008年汶川地震、2019年底新冠疫情暴发后各地政府推行的针对灾区、疫区的对口支援政策,也基本上反映出这项政策的优越之处,即可以充分调动社会与市场的力量来推动抗击灾情、疫情的工作。

1979 年 4 月，对口支援政策在全国边防工作会议上被正式提出，此后 40 多年，这一政策得到不断完善、发展，形成了从中央到地方、从东部到西部，各级政府、各个主体共同参与的网状支援格局。

可以说，对口支援是地区、行业乃至部门间开展跨边界合作与交流的有效形式，是在国家宏观政策框架下为支持某一地区或行业，在不同区域、行业之间形成结对支援关系，使双方区位或行业的优势得到有效发挥的一种政策性行为。[1]

一、对口支援的定义与分类

学界对于中国对口支援的机制，从政治学、社会学、财政学等多个视角出发做了很多研究，形成了较多的理论框架与实证分析。政治层面上，对口支援的主要目的是确保政治稳定，实现社会稳定与经济发展。而社会学家认为，对口支援是一种政府间的慈善行为。公共财政学专家认为，对口支援是不同行政级别政府之间的财政平衡。公共管理学专家认为，对口支援是不同区域或行业进行交流与合作的方式。

了解当前学界对对口支援的理论与实证研究状况，有助于我们理解分析当前中国的对口支援政策，以及评估现有政策的效率，从而帮助政策决策者推进政策改革。

理解对口支援的概念，是深入分析这一政策框架的第一步。很多人注意到对口支援是针对经济差距而制定的政策，以保障公平为原则。在有效市场条件下，区域经济中的极化效应非常显著，会加剧区域发展的失衡状态。[2]

发展经济学派很强调发达地区对欠发达地区的经济援助。对口支援政策是在政府主导下经济发达地区对经济欠发达地区实施的一项区域发展援助政

---

① 中国历史研究院：《对口支援，疫情下的制度优势》，https://www. guancha. cn/zhongguolishi/2020_02_12_535779_s. shtml，2020 年 2 月 12 日。

② Myrdal, G., Sitohang, P. *Economic Theory and Under-developed Regions.* London：Harper&Brothers Publishers，1957.

策，通过发达地区的支援，加快欠发达地区经济社会发展，促进区域协调发展。[1] 伍文中和李君都下了这样的定义：中国特色的对口支援其实就是经济发达地区对上级指定的欠发达地区或少数民族地区给予人、财、物方面的帮助和支持，是一种基于财政平衡视角的政府行为。[2] 可以说，在维持分配公平的同时，上级政府(中央政府)的统筹协调作用也不可或缺。

有些学者认为对口支援是一种馈赠行为，是两个行政层级不对等的地方政府在中央政府的主导下，借助馈赠方式实现各类资源从经济发达地区向经济欠发达地区流动的援助实践。而政治性馈赠打破了传统馈赠结构，回赠义务不是由受赠方而是由发起方承担，因而激励结构发生了位移。[3]

另外，从汶川地震以及新冠疫情来看，对口支援也包含了对突发性危机的应对举措。中国的对口支援制度，可以说是一种地区间灾害管理模式，上升为规范性国家政策后，对口支援已经成为一种具有中国特色的灾后重建模式。[4] 中央政府制定战略、地方政府负责执行的对口支援机制显示出中国政治制度独特的优势。

此外，很多学者对于对口支援边疆地区(少数民族地区)关注颇多，集中在如何帮助少数民族地区实现共同富裕以及文化事业发展。协调对口支援边疆地区的府际利益矛盾与冲突非常重要，主要依靠政治动员和道德情感规约这两种机制，强化民族与国家认同。[5]

可以说，理解对口支援，需要考虑到对口支援的主体，即中央政府与两个地方政府，以及它们之间的互动，也需要考虑到所针对的议题，是帮扶经济发

①　王磊、黄云生：《对口支援政策的演进及运行特征研究——以对口支援西藏为例》，《西南民族大学学报》(人文社会科学版)2018 年第 5 期，第 26—33 页。

②　伍文中：《从对口支援到横向财政转移支付：文献综述及未来研究趋势》，《财经论丛》2012 年第 1 期，第 34—39 页；李君：《从中国式对口支援看横向财政转移支付制度》，《青年科学》(教师版)2013 年第 4 期，第 108—109 页。

③　李瑞昌：《界定"中国特点的对口支援"：一种政治性馈赠解释》，《经济社会体制比较》2015 年第 4 期，第 194—204 页。

④　钟开斌：《对口支援灾区：起源与形成》，《经济社会体制比较》2011 年第 6 期，第140—146 页。

⑤　丁忠毅：《对口支援边疆民族地区中的府际利益冲突与协调》，《民族研究》2015 年第6 期，第 15—25 页。

展还是针对某个突发性危机等。

二、财政转移支付视角下的对口支援

对口支援必须解决以下问题：经费怎么来，如何将经费用到该用的地方。这就需要从财政的视角来解读。

在经济学领域，存在市场失灵的情况，即若放纵市场作为调节区域发展的工具或者杠杆，将会造成社会发展的不平衡，这也是一个国家实施对口支援政策的依据。

财政转移支付是推进区域经济协调发展的重要举措。出于平衡区域经济的考虑，中央政府通过财政转移支付和公共财政投入实现区域平衡发展，这在提升地区经济增长速度上发挥了一定的积极效果。

有学者研究了财政转移支付对受援区域经济增长的有效性，发现基金援助政策显著地促进区域经济增长的趋同和区域差异的缩小，也有学者发现横向转移支付手段总体上没有达到缩小地区差距的效果，也有人认为总量转移支付抑制了地方财政的努力程度，致使财政转移支付效果弱化。可见，关于区域援助的有效性研究尚未得出一致的理论结论。

然而，中央政府财政转移支付或许会产生"粘纸效应"（"粘蝇纸效应"），会刺激地方政府扩张支出规模和降低财政资金使用效率[①]，即过多依靠中央财政，而不愿抑制地方财政的使用，从而弱化了政策的实际效果。这种"粘纸效应"在西部地区尤为明显，长此以往，该政策难以在缩小地区经济差距方面发挥实质性作用。

王玮认为，对口支援体现的是财政收入分配职能，属于中央政府的职责。在这个过程中，对口支援将本属于中央政府的职责转移给地方政府承担，地方财政缺口成为政府间财力配置的新常态，他认为再继续扩大"对口支援"的范

---

① 范子英、张军：《粘纸效应：对地方政府规模膨胀的一种解释》，《中国工业经济》2010年第 12 期，第 5—15 页；Gramlich, E. M. "Subnational Fiscal Policy". *Perspectives on Local Public Finance and Public Policy*，1987(3)，p. 3-27.

围和力度就不太适宜了。① 可以说,从这个角度来看,他认为对口支援不一定适用于多种情况。 但是,并非所有的对口支援都一定要考虑财政缺口或者成本收益的核算,民众的福利及政府绩效也应该是考量对口支援的重要标准。

有学者提出中国的对口支援改革应该立足未来,对其进行顶层设计,基于国家财政均衡体系建设的需要,对其进行归并、划转、重塑,将其具有均等化功能的部分内容归并到横向财政转移支付,纳入国家财政均衡体系之中,使其日益规范化、法制化。②

此外,有学者认为,目前中国还没有一个规范化、公式化、法制化的横向转移支付制度,支援的内容从最初的物资、资金发展到了人才、技术、项目合作等方面,突出了"造血"的理念,可以说特色对口支援的内容已经超出了财政转移支付的范畴。③

对于对口支援财政转移存在的问题,有的学者给出了自己的建议。 徐明、刘金山认为,政府应该合理引导公共财政的投入方向和使用效率,重点投建有利于发展受援地区具有比较优势和竞争优势的产业的基础设施,降低生产成本和交易成本,发挥其规模经济效应。 此外,还应该加强地方政府财政支出绩效管理,特别是对援助资金和援助项目的激励和约束、考核和监督,从而优化财政资金的支出结构和提升利用效率,发挥其"援助之手"职能。④

傅强生主张中国要借鉴德国横向转移支付的成功经验,明确横向转移支付的原则和目标;将纵向转移支付和横向转移支付有机结合,并把对口支援法制化;中央财政部门要对援助方加强监管力度。⑤

---

① 王玮:《"对口支援"不宜制度化为横向财政转移支付》,《地方财政研究》2017 年第 8 期,第 20—26 页。

② 伍文中、张杨、刘晓萍:《从对口支援到横向财政转移支付:基于国家财政均衡体系的思考》,《财经论丛》2014 年第 1 期,第 36—41 页。

③ 杨苏琳:《我国特色对口支援模式回顾与评述》,《学理论》2014 年第 21 期,第 26—27 页。

④ 徐明、刘金山:《省际对口支援如何影响受援地区经济绩效——兼论经济增长与城乡收入趋同的多重中介效应》,《经济科学》2018 年第 4 期,第 75—88 页。

⑤ 傅强生:《我国"对口支援"与德国横向转移支付研究》,《现代商贸工业》2020 年第 8 期,第 41—42 页。

三、府际关系视角下的对口支援

对口支援涉及中央政府、两个平行的地方政府之间的关系，其中的关系可以理解为是基于区域经济协调发展、民族关系和谐以及应对突发性危机等目标而形成的特定关系。众多学者也从府际关系的视角来探究对口支援。

杨明洪与张营为以对口援藏为例，考察了中央政府、两个地方政府之间的博弈行为。[①] 他们发现，对口援藏中的各个行为主体都有自己的利益诉求，存在着目标的不一致性。中央政府对消极支援的罚款力度越大，支援方政府积极援藏力度就越大，支援的成本越大，中央政府监督的概率也越大，也更能使支援方积极援藏的概率增加。而支援方政府支援的人才、资金和物资的规模越大，受援方积极配合对口支援的概率越大；反之，支援的规模越小，受援方积极配合对口支援的概率就越小。

李瑞昌发现在对口支援实践中，中央政府、省级政府和市、县、乡级政府结成了更为复杂的关系，其本质是"两个委托代理关系、一个上下级政府间关系和一个代理人与代理人之间的关系"。其中委托代理关系和上下级政府间关系是强关系，日常发生较多的联系，而代理人之间的关系是弱关系，除了对口支援过程中联系紧密之外，日常联系甚少。[②]

杨龙和李培则认可对口支援的意义，认为对口支援政策构建了新型的央地关系，扩展了横向间的政治、经济联系，丰富了府际关系的内涵和形式。[③] 对口支援使得纵向府际关系里出现了国家职能向下分派、中央直接介入地方发展等新的现象。而目前对口支援系列政策的制度化程度较低，需要尽快完善相关的制度。府际关系的可持续性以地方间互利为基础，因此对口支援需要尽快从单向援助向互利合作转变。

[①] 杨明洪、张营为：《对口支援中不同利益主体的博弈行为——以对口援藏为例》，《财经科学》2016 年第 5 期，第 83—91 页。

[②] 李瑞昌：《界定"中国特点的对口支援"：一种政治性馈赠解释》，《经济社会体制比较》2015 年第 4 期，第 194—204 页。

[③] 杨龙、李培：《府际关系视角下的对口支援系列政策》，《理论探讨》2018 年第 1 期，第 148—156 页。

丁忠毅则分析了对口支援府际关系中的阻碍因素,并给出了政策建言。他以对口支援边疆民族地区为例,认为在府际协作治理中的阻碍因素主要包括援助资源的均衡配置机制不完善、府际沟通协调机制不健全、府际适应性学习机制不完善、府际利益冲突协调机制建设落后,以及绩效考评和责任追究制度建设滞后。 为此,他提议建立均衡的府际协作治理资源配置机制,构建立体、多维的府际沟通协调机制,健全府际适应性学习机制,优化府际利益冲突协调机制,构建系统完善、切实可行的府际协作制度体系。①

在丁忠毅的另一篇文章里,他肯定了省际对口支援边疆的作用,认为它是能够体现社会主义制度优越性的重要战略部署,属于中国共产党和中央政府高位推动的跨域协作治理实践。 对口支援使两个在地理空间上不相邻的支援方和受援方政府为提高边疆治理水平而长期协作共治。 但学界对于对口支援政策的运行机制问题尚缺乏较深入的探讨。 对口支援关系建立在地理空间距离较远与日常互动较少的不同的地方政府之间,支持各地完成相关对口支援工作的思想基础是"大一统""兄弟姐妹一家亲"观念与中华民族共同体意识,另外还有地方政府对于中央政府的忠诚,以及党政干部晋升机制的激励,这些都是对口支援得以实行的重要因素,尽管有些情况下对口支援并不符合所谓的实现共赢的经济学逻辑。

四、少数民族地区视角下的对口支援

当前中国很多对口支援是针对西部少数民族地区的,这既是为了稳定边疆,也是为了增强民族凝聚力。 另外,随着"一带一路"倡议的推进,边疆地区日益成为国际交往的前沿和窗口。 边疆在拱卫内地发展和拓展外向性发展空间中的战略地位日趋凸显。② 很多学者也对中央政府、地方政府援助边疆有所研究。 相关研究共同关注的核心话题是如何有效化解对口支援政策面

---

① 丁忠毅:《府际协作治理能力建设的阻滞因素及其化解——以对口支援边疆民族地区为中心的考察》,《理论探讨》2016 年第 3 期,第 160—165 页。
② 周平:《边疆在国家发展中的意义》,《思想战线》2013 年第 2 期,第 99—105 页。

临的突出问题,增加有效性和可持续性。①

有些学者考察了对口援藏、援疆的经济社会效益,探讨了增强受援地自身发展能力的路径,以避免陷入所谓的"援助依赖"陷阱。吕朝辉认为,对口支援必须符合边疆地区及其各族群众的客观需要;强调"输血式"和"造血式"援助方式的有机结合,追求受援地和支援地的协同发展。② 而当前对少数民族地区的对口支援存在的政治动员特点明显、行政指令色彩较浓、政策工具运用单一化等问题,也急需解决。

李天华梳理了中国支援西部少数民族地区的进程,发现当前对西部少数民族地区的对口支援出现了救济减少、合作增加,动员减少、激励增加,领域更广、范围更准等特点,当然也存在法律制度不完善等问题,急需采取相应的措施予以解决。③

整体而言,对口支援对边疆地区的经济推动作用非常明显。董珍、白仲林在分析了西部11个省区的经济数据后,发现对口援藏政策刺激了西藏的经济发展,在很大程度上改变了西藏原有的经济增长路径和产业结构。西藏的经济增长伴随着产业结构的优化,对口支援政策通过对产业结构的逐步调整来适应经济增长的内在需求。④

刘金山、徐明则关注各地对新疆的援助,选取了2005—2014年的面板数据,利用实证分析方法研究了19个省市的对口支援对新疆经济社会发展的影响。他们发现,对口支援政策显著地促进了新疆GDP与人均GDP增长,尽管存在明显的滞后效应。而相对于经济基础较薄弱的南疆地区,对口支援政策的效果在经济条件较好的北疆地区表现更为强劲。南疆地区基础设施薄弱

---

① 丁忠毅:《对口支援边疆民族地区中的府际利益冲突与协调》,《民族研究》2015年第6期,第15—25页。

② 吕朝辉:《边疆治理视野下的精准对口支援研究》,《云南民族大学学报》(哲学社会科学版)2016年第3期,第31—37页。

③ 李天华:《中国民族地区对口支援的政策演变及展望》,《现代经济信息》2018年第34期,第53—54页。

④ 董珍、白仲林:《对口支援、区域经济增长与产业结构升级——以对口援藏为例》,《西南民族大学学报》(人文社会科学版)2019年第3期,第130—138页。

以及配套体系不完善，削弱了对口支援政策的经济效果。①

任维德注意到，"一带一路"倡议的实施对西部民族地区承接产业转移具有重要意义，特别是为发挥对口支援政策的功能提供了新的空间。毕竟西北、西南少数民族地区是重要的联通欧亚大陆的节点，在"一带一路"倡议的实施过程中，应该发挥东部沿海地区以及其他发达地区对西部具有重要地缘位置的少数民族地区的带动作用，同时也可以向欧亚大陆其他国家分享共同发展的机会。②

丁忠毅发现边疆民族地区的内生发展能力不足，社会稳定的基础薄弱，这就决定了国家推行对口支援，不仅要在经济上帮助实现共同富裕，还要培育中华民族共同体意识，为此应该进行相应的政治动员，建立道德情感约束机制。③

可以说，关于少数民族地区对口支援的文章多以经验描述为主，部分进行实证分析的计量类文章，以客观科学的研究方法展现出中国针对少数民族地区的对口支援取得的成效。当前关于对口支援与民族关系方面的文章还较少，对其微观层面的解读仍有较大的研究空间。

五、公共危机视角下的对口支援

应对各种自然灾害以及重大公共卫生事件，也是对口支援的重要内容，这已经被很多学者认为是中国特色社会主义制度优越性的体现。其中也包含了各级政府与各个部门的协作，这本身也是政府社会动员能力的体现。

汶川地震、湖北新冠疫情之后的对口援建，引起了国际社会的高度关注。这是一种具有中国特色的资源协调和区域互助模式。钟开斌将这种灾后对口支援定义为具有中国特色的"控制性多层竞争"过程，即上级主导下级进行多

---

① 刘金山、徐明:《对口支援政策有效吗？——来自 19 省市对口援疆自然实验的证据》,《世界经济文汇》2017 年第 4 期,第 43—61 页。

② 任维德:《"一带一路"战略下的对口支援政策创新》,《内蒙古大学学报》(哲学社会科学版)2016 年第 1 期,第 5—10 页。

③ 丁忠毅:《对口支援边疆民族地区中的府际利益冲突与协调》,《民族研究》2015 年第 6 期,第 15—25 页。

层级的横向竞争。 上级负责设定对口支援的总目标并把任务分配给下级，相互竞争的下级努力实现上级所分配的对口支援任务，下级还可把上级分配的对口支援任务进一步分解至更低的层级，启动更低一级的地方横向竞争。 这种控制性多层竞争，通过目标的层层设定和任务的层层分解，确保了对口支援总体任务得以快速高效完成。[1] 这也可以解释为何灾后重建非常有效率，而且能够落实到位。

张曦将"脆弱性"与"恢复力"两个概念应用到汶川地震后对口支援的分析框架中，脆弱性即自然体系、社会体系抗御灾害、风险的某种程度，而此程度又是由自然体系、社会体系的恢复力来决定的，也由此可知脆弱性与恢复力是作为组合概念出现的。 他认为，汶川地震的灾害救援与灾后重建是诸要素在当前中国社会体制下的政策协调，这种协调形成了一种共力，才使得所谓的"汶川奇迹"与"汶川模式"得以实现。[2]

谭书先与赵晖则发现已有的对口支援研究侧重于平衡区域发展的工具理性，对培育政治认同上的价值理性关注度不够。 为此，他们分析了新冠疫情防控中中国政府"一省包一市"的对口支援政策，借助文本分析舆情，发现对口支援在公众之中享有较高的政策认同度，能够较快构建起受援地和支援地的情感联系，情感互动又能够进一步强化公众的中华民族共同体意识和政治认同感，并反哺国家体制中蕴含的政治凝聚力和驱动力。 但是，他们提出国家在启用对口支援时，需要对长期承担支援任务的省份进行安抚，并维护受援地公众的自尊心等，提高公众的政策认知度。[3] 相较于其他研究，能够运用计量分析来测量民意，并得到结论，可以说弥补了当前学界对于政策认同度的认识。

六、简评

当前国内学界对对口支援已经从政治学、经济学、财政学、社会学以及公

---

① 钟开斌：《对口支援灾区：起源与形成》，《经济社会体制比较》2011 年第 6 期，第 140—146 页。

② 张曦：《汶川经验：对口支援与脆弱性/恢复力》，《云南民族大学学报》（哲学社会科学版）2018 年第 4 期，第 104—110 页。

③ 谭书先、赵晖：《对口支援的政治认同构建——一项基于新冠肺炎疫情时期的网络舆情分析》，《江海学刊》2020 年第 4 期，第 12—16 页。

共管理学等多个角度进行分析,围绕财政转移支付、府际关系、少数民族地区支援以及突发性事件进行了大量的理论与实证研究。

我们看到,应用最新的计量科学对对口支援的效果、成本—收益进行计算,已经成为关于对口支援较为前沿的研究。这方面的成果越来越多,已经可以从科学的角度来分析对口支援的政策是否有效。这也会对政府科学决策有更深的影响。

而从政治学视角分析中央政府与地方政府的关系,也有利于学界认识各地政府之间的目标差异以及利益分歧,从而不断总结前期政策执行中的一些瑕疵。

但是,当前对对口支援政策的研究仍旧缺乏微观层面的考察,即民众如何感知对口支援,特别是对于少数民族地区支援、灾区重建等问题,需要做更精细的调研,以向政府提供更多的决策参考。

第二节　对口支援的府际关系网络

对口支援是一项具有中国特色的制度安排,同时也是一个重要的府际关系现象。作为一种尝试,本部分从构建任务型府际关系网络理论入手,把对口支援纳入这一理论框架之中,论述对口支援任务型府际关系网络及其治理问题。

一、任务型府际关系网络的界定

府际关系即政府间关系,指的是各级政府间和各地区政府间的关系,它包含纵向的中央政府与地方政府间关系、地方各级政府间关系和横向的各地区政府间关系。[①] 也有学者认为,府际关系"包括中央政府与地方政府之间、

---

① 林尚立:《国内政府间关系》,浙江人民出版社 1998 年版,第 22 页。

地方政府之间、政府部门之间、各地区政府之间的关系"①。 尽管表述并不一致,但都指出了府际关系的若干种类型。 我们认为,正是这些不同类型的关系把各级各类政府联结成网络,并对国家治理产生了深远影响。 因此,探索并建立府际关系网络理论是非常必要的。

运用网络视角对府际关系进行考察,即研究府际关系网络问题,要遵循"三步走"的技术路线:一是界定网络的范围;二是分析网络节点及其相互关系;三是研究网络治理机制。② 首先,从网络的范围来看,可以认为府际关系网络是由各级各类政府共同构成的一个网络整体,而那些由部分政府构成的网络则是这个网络整体的子集,即府际关系网络具有层次性和集合性。 显然,结合我国的现实情况,府际关系网络的研究重点应该是子网络,即由部分政府在某些具体领域结成的关系网络。 其次,从网络节点及其相互关系来看,各级各类政府就是府际关系网络中的节点,这些不同的节点由政府之间各种复杂的权力关系、利益关系、行政关系和财政关系等连接起来,并形成若干种不同的互动机制。 通过分析各个节点及其相互关系,我们可以建立府际关系网络结构图,进而确定某一特定政府在网络中的位置以及与其他政府之间的联结关系,从而奠定分析网络治理机制的基础。 最后,从网络治理机制来看,不同层次、不同类型的府际关系网络具有不同的功能和缺陷,根据善治的要求可以提出针对特定网络的治理方式。

任务型府际关系网络是府际关系网络整体的一个子集,是若干个政府为了完成特定任务而结成的特定关系网络。 与常规府际关系网络相比,任务型府际关系网络具有以下几个特点。

第一,任务导向性。 常规府际关系网络是以自身的存在为本的,体现的是各级政权的完整性,尤其是在"全国一盘棋"的思想指导下,每一个政权机关都要在"棋盘"中准确地定位自己。 而任务型府际关系网络则是在分级管理、属地管理、各司其职的基础上,根据一定的目标要求对常规府际关系网络

---

① 谢庆奎:《中国政府的府际关系研究》,《北京大学学报》(哲学社会科学版)2000 年第 1 期,第 26—34 页。

② 邢华:《水资源管理协作机制观察:流域与行政区域分工》,《改革》2011 年第 5 期,第 68—73 页。

中的部分主体进行适当调整而形成的一个新的关系网络。这个新的关系网络以明确的任务为存在前提，也将因任务的结束而解散。换句话说，在共时性上，常规府际关系网络是"因存在而任务"，任务型府际关系网络则是"因任务而存在"。正是出于任务需要，原本没有明显关系或者很少发生联系的不同地方政府才会联结到一起。在我国，任务型府际关系网络的"任务"是多种多样的，如扶贫开发、流域治理、对口帮扶等。

第二，范围指定性。常规府际关系网络作为一个整体，通常不涉及范围问题。而任务型府际关系网络作为一个子集，往往具有局部性特征。但是，这里的局部性又区别于整个府际关系网络中现成的某部分子网络，因为很多时候哪些政府能够作为节点进入任务网络通常都是有选择的。更确切地说，任务型府际关系网络的范围实际上是由上级政府或中央政府以政策文件形式明确指定的。作为具有高度权威性的上级政府或中央政府，在确定任务组成员时一般都会经过审慎考虑或者反复协商。其中，相关性与可行性是重要的参考指标。例如，建立区域性大气污染联防联控网络就要求各成员在地域上是邻近的，而对口支援欠发达地区则需要支援方具备较好的经济基础。

第三，府际协作性。尽管我国拥有"上下到底、左右到边"的严密政府组织体系，但总有些公共事务是常规府际关系网络无能为力或者难以妥当处理的。因此，需要在常规府际关系网络的基础上引入"整体性治理"和"府际治理"等治理模式，于是也就催生了任务型府际关系网络。从建立任务型网络的初衷来看，其根本目的是希望通过政府间协作来达到预期效果；从各成员的参与过程来看，只有密切合作才能顺利完成任务。所以，府际协作是任务型府际关系网络的显著特征，也是组建任务型府际关系网络的题中之义。

第四，结构临时性。根据生命周期理论，组织网络一般都会经历产生、发展、成熟、解散 4 个阶段。比较而言，常规府际关系网络的生命周期很长，而任务型府际关系网络的生命周期则相对较短。任务型府际关系网络"因任务而存在"的性质决定了其在任务结束之后必然要面临解散或者转型的问题。如果在完成既定目标后既没有后续任务，也没有实现常规化的可能，任务型府际关系网络就会解散；而如果完成任务之后还有整体延续或部分延续的必要，任务型府际关系网络就可能会走向常态化，融合为常规府际关系网络的有机组成部分。 但不管是解散还是转型,实质上都意味着原有任务型府际关系网络的消失。 可见,结构临时性是任务型府际关系网络与常规府际关系网络的一个重要区别。 当然,这里所说的临时性并不是三五天或一两周。事实上,我国任务型府际关系网络的存续时间一般为几个月至几十年不等,如对口支援西藏大致是 10 年一轮,而对口支援汶川地震灾区则是 3 年。

除上述 4 个共同特征以外,各类任务型府际关系网络还会因任务性质、结构形式、运作机制等方面的差异而表现出一些个体性特征,如任务目标的政治性、成员关系的竞合性、权利义务的不对等性等。

二、对口支援任务型府际关系网络的产生和发展

任务型府际关系网络在我国的政府管理实践中普遍存在。 其中,尤以由对口支援形成的任务型府际关系网络最为典型。 对口支援政策的实施,有效地缩小了地区间的发展差距,在促进民族团结、维护社会稳定等方面发挥了特殊的重要作用。 同时,随着该政策的不断改进,由其形成的任务型府际关系网络也得到了长足的发展,逐渐从简单走向复杂、从单一走向多元、从援助走向互动,进而成为一个覆盖面最广、涉及主体最多、成员关系最复杂的府际关系子网络。 因此,有必要对我国的对口支援任务型府际关系网络进行系统的考察和研究。

(一)以受援方为中心的任务型府际关系网络

自 1979 年"对口支援"被第一次明确提出以来,享受对口支援政策优惠的地区主要包括西藏自治区、三峡库区、贵州部分贫困地区、新疆维吾尔自治区、汶川地震灾区、青海省内涉藏州县以及个别边疆少数民族地区等。 其中,以援藏为最早,持续的时间也最长。 所以,我们选取西藏为受援方的典型代表,对由援藏形成的任务型府际关系网络进行探析。

根据援藏的历史沿革,考虑到党的十八届三中全会以后我国的区域发展进入了新时期,笔者只选取 1979—2013 年间的数据资料,把这期间对口援藏任务型府际关系网络的形成和演变过程大致划分为 5 个阶段。

第一阶段(1979—1982 年):萌芽期。 为加快少数民族地区经济社会发

展，中共中央在 1979 年 4 月召开的全国边防工作会议上提出，要组织内地省市对口支援边疆地区和少数民族地区。 会议上确定：北京支援内蒙古，河北支援贵州，江苏支援广西、新疆，山东支援青海，天津支援甘肃，上海支援云南、宁夏，全国支援西藏。 由此拉开了我国对口支援的序幕。 而西藏从一开始就被提到了"全国支援"的重要战略地位。 但有必要指出的是，虽然中央确立了"全国支援西藏"的方针，但在这次会议上并没有明确提出究竟如何贯彻落实这一政策。 1980 年 5 月，胡耀邦、万里同志率领有关部门负责人到西藏视察指导工作，帮助西藏落实会议精神，也只是宣布了一些免征、免购政策和财政补助政策，并未涉及具体由哪些地区或部门来承担援助任务的问题。

第二阶段(1983—1993 年)：探索期。 1983 年 8 月，国务院做出了"在坚持全国支援西藏的方针下，由四川、浙江、上海和天津四省(市)重点对口支援西藏"的决定。 但在实际执行过程中，也涉及了这 4 个省市之外的少数省市。 譬如，北京、江苏和陕西也于 1983 年 11 月分别承担了少数援藏项目。 1984 年召开第二次西藏工作座谈会之后，为庆祝西藏自治区成立 20 周年，中央还决定由北京、上海、天津、江苏、浙江、福建、山东、四川、广东等省市和水利电力部、农牧渔业部、国家建材局等有关部门，按照西藏提出的要求，分 2 批帮助建设 43 项西藏迫切需要的中小型工程项目。 这些有益的探索，使援藏工作开始向纵深发展，同时也初步构建起了一个由四省(市)重点支援、部分省市和中央部委补充支援的任务型府际关系网络格局。

第三阶段(1994—2000 年)：发展期。 1994 年 7 月，中共中央、国务院在北京召开了第三次西藏工作座谈会。 会议做出了"中央关心西藏，全国支援西藏"的决策，确定了新形势下支援西藏的范围、方式、方法。 当时，中央安排 14 个省市(重庆 1997 年改为直辖市后，对口支援西藏的省市变为 15 个)与西藏 7 个地市建立了对口支援关系。 另外，在中央主导下，13 个部委、29 个省(区、市)和 6 个计划单列市还与个别中央企业一起参与建设惠及能源、交通、邮电等基础设施和农业、文化、教育等领域的"62 项工程"。 这一时期，由中央指定的援藏省份数量明显增多，地方政府间的关系网络开始丰富起来。 同时，中央部委与西藏地方政府间的关系网络也因援建项目而得到进一步发展和巩固，中央企业开始与西藏方面有一定的互动。

第四阶段(2001—2009 年):成熟期。 2001 年 6 月,中共中央、国务院在北京召开了第四次西藏工作座谈会,并在座谈会上提出,将原定 10 年的"对口援藏"计划再延长 10 年,对口支援关系基本保持不变,并新增 3 个省、15 家中央企业对口支援西藏(2004 年四川省不再承担对口支援任务,同时新增 2 家中央企业援藏)。 对原未列入受援范围的西藏 29 个县,根据不同情况,以不同方式纳入对口支援范围。 至 2009 年,西藏 73 个县(市、区)全部纳入对口支援的范围,而参与援藏的单位也达到了空前的规模,共涉及 18 个省市(包括四川省)、61 个中央部委和 17 家中央企业。 另外,中央还决定由国家投资建设包括青藏铁路西藏段在内的 117 个项目,由对口支援西藏的 15 个省市和未承担对口支援任务的 12 个省份以及 5 个计划单列市对口援助西藏建设 70 个项目。 显然,这一时期的援藏任务型府际关系网络在"查缺补漏"之后已经显得较为完善。

第五阶段(2010—2013 年):创新期。 2010 年 1 月,中共中央、国务院召开了第五次西藏工作座谈会。 此次座谈会并没有对支援方进行调整,这就意味着援藏任务型府际关系网络已经基本确立并稳定下来。 同时,值得注意的是,座谈会上提出西藏要"更加注重扩大同内地的交流合作"①,首次把"合作"摆在了重要位置。 2011 年 7 月,习近平同志在对口支援西藏工作座谈会上又提出,要始终坚持国家支持与提高自我发展能力相结合,坚持对口帮扶与互利合作相促进,积极挖掘合作潜力,拓展合作领域,提升合作水平,努力实现互利共赢、共同发展。② 可见,中央高层已经认识到,经过长期援助后,西藏已经具备了一定的经济社会条件,援藏工作应该从以往的单向援助逐步转变为双方的互利合作。 这一新的战略部署极大地提高了支援方的积极性,使得援藏任务型府际关系网络中各主体间的双向互动成为新趋势。

纵观 1979—2013 年援藏任务型府际关系网络的演变过程,可以发现该网络经历了 3 个方面的"转变":一是从简单到复杂,表现为支援方越来越多,

---

① 《中共中央 国务院召开第五次西藏工作座谈会》,http://news. xinhuanet. com/politics/2010-01/22/content_12858927_1. htm,2010 年 1 月 22 日。

② 李章军、刘维涛:《对口支援西藏工作座谈会召开》,《人民日报》2011 年 7 月 21 日,第 1 版。

从最初的 4 个省市增加到 15 个省市，再扩展到 18 个省市、61 个中央部委和 17 家中央企业；二是从模糊到具体，表现为援藏工作越来越深入，从全国支援西藏到 15 个省市对口支援西藏 7 个地市，再到西藏 73 个县(市、区)全部纳入对口支援范围；三是从单向输送到双向互动，表现为支援方和受援方的关系越来越密切，从纯粹的无偿援助发展成偏利合作，再提升为平等互利。 另外，援藏任务型府际关系网络还表现出"主网络"与"辅网络"相叠加的特点，即承担援藏任务的省份须与西藏方面长期交流，而未承担援藏任务的省份、中央部委以及部分中央企业在特定时期也要与对口援藏省份一起通过工程项目与西藏方面间歇性交往。 20 世纪 80 年代、90 年代和 21 世纪初的援藏关系网络示意图如图 4-1 至图 4-3 所示。

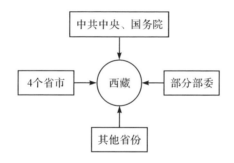

图 4-1　20 世纪 80 年代的援藏关系网络示意图

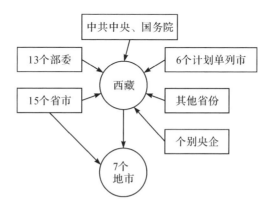

图 4-2　20 世纪 90 年代的援藏关系网络示意图

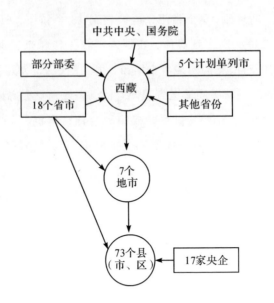

图 4-3　21 世纪初的援藏关系网络示意图

（二）以支援方为中心的任务型府际关系网络

与受援方有限的数量相比，承担过和正在承担援助任务的支援方为数众多。以援藏为例，20 世纪 90 年代中后期承担过援藏任务的省份就达 29 个之多。由此可见，不仅东部发达地区和中部发展中地区要长期承担援助任务，就连一些西部欠发达地区也要在特定时期承担一定的援助任务。其中，东部经济发达省份无疑是中坚力量，几乎在任何一项对口支援任务中都要担当重任。在此，我们选取较早并长期承担对口支援任务的浙江省为考察对象，分析其由对口支援所形成的任务型府际关系网络。

根据浙江对口支援的历史，笔者选取 1983—2013 年间的数据资料，把以浙江为中心的对口支援任务型府际关系网络的演化大致划分为 4 个阶段。

第一阶段（1983—1991 年）：萌芽期。1979 年，中央首次提出"对口支援"政策时，并没有给浙江安排任务，所以浙江的对口支援工作实际上始于 1983 年。1983 年 8 月，浙江与四川、上海、天津一起被中央指定"重点对口支援西藏"。同年 11 月，中央确定了对口支援西藏的具体内容，浙江承担了 7 个援藏项目，包括西藏那曲查龙电站可行性研究、拉萨大修厂制氧车间技术改造、藏药厂技术改造等。 之后，浙江又承担了对口支援西藏"43 项工程"中的部分项目。 这一时期，除了援藏之外，浙江没有承担其他对口支援任务；并且，对西藏的援助也只限于建设工程项目，没有建立起地区间一对一的结对帮扶关系。 所以，浙江的对口支援任务型府际关系网络在这一阶段可谓尚处于萌芽时期。

第二阶段(1992—1997 年)：勃发期。 这一时期，浙江的对口支援任务接踵而来：先是中央于 1992 年做出了 20 个省(区、市)、54 个部委、10 个大城市分别与三峡库区县、市建立对口关系的决定，其中浙江对口支援重庆市涪陵区，宁波市单独对口支援重庆市万州区五桥开发区；然后中央又于 1994 年安排 14 个省市分别跟西藏 7 个地市建立对口支援关系，其中浙江对口支援那曲地区；之后，西部大开发战略实施，浙江省从 1996 年开始负责对口帮助四川省广元、南充 2 个市的 12 个贫困县(区)，宁波单独对口帮扶贵州黔东南、黔西南 2 个州的 12 个贫困县；1997 年，中央又安排浙江与新疆和田地区建立援助结对关系。 在这短短的 6 年时间里，浙江共承担了 4 项重大对口支援任务，并且还一一明确了结对关系。 相应地，以浙江为中心的对口支援任务型府际关系网络也迅速发展起来。

第三阶段(1998—2007 年)：转型期。 在这 10 年里，浙江没有接到新的任务，对口支援任务型府际关系网络基本保持稳定。 但值得注意的是，支援方和受援方之间的关系悄然发生了转变。 特别是进入 21 世纪之后，浙江越来越重视与受援方开展各种经贸合作，力图把双方的无偿援助关系逐步转变为互利互惠关系。 2005 年，浙江省率先出台了让对口支援和帮扶地区普遍关注的文件——《浙江省 2005—2007 年对口支援工作指导纲要》。 该纲要明确提出，积极探索对口支援工作的新思路、新方法，继续坚持输血与造血相结合、帮扶和合作并举的方针；立足全局、统筹规划，通过政府引导、市场运作、各方参与等努力促进贫困群众脱贫致富，经济社会全面发展。[①] 这就意味着：在浙江的对口支援任务型府际关系网络中，联结支援方和受援方的已经不仅

---

① 吴坚:《对口支援 浙江的一次历史性远征》,《今日浙江》2005 年第 16 期,第 20—22 页。

仅是权力关系,还有明显的利益关系,维持该关系网络的动力机制正在转型。

第四阶段(2008—2013 年):二次勃发期。 2008 年的"5·12"汶川地震发生后,中央做出了"一省帮一重灾县"的决定,安排浙江省对口支援四川省青川县的灾后重建工作,援助期限为 3 年。 这一任务尚未完成,中央又于2010 年部署了新一轮的对口支援新疆工作,安排浙江对口援建南疆腹地阿克苏地区和兵团农一师(阿拉尔市)。 同年,中央又安排 6 个沿海发达省市、21个部委和 13 家中央企业对口支援青海省内涉藏州县,其中浙江负责对口支援青海省海西州。 2013 年,国务院办公厅发布《关于开展对口帮扶贵州工作的指导意见》,安排浙江的杭州市对口帮扶贵州的黔东南州,宁波市对口帮扶黔西南州。 并且从 2008 年开始,中央明确规定地方的支援力度。 例如,每年投入汶川地震灾区的资金不低于上年地方财政收入的 1%;每年投入西藏的资金不低于上年地方财政收入的 1‰;2011 年援疆资金量基数按照 2009 年地方财政一般预算收入执行数并预计增长 10%,2012—2015 年每年对口援疆资金量按 8%递增。 浙江省的对口支援任务进一步加重,对口支援任务型府际关系网络也再次得以蓬勃发展(见图 4-4)。

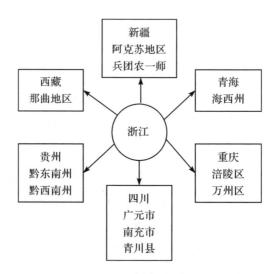

图 4-4　浙江省对口支援任务型府际关系网络示意图

纵观浙江省 1983—2013 年对口支援任务型府际关系网络的发展历程,可以发现,以支援方为中心的任务型府际关系网络呈现出 4 个特征:一是任务型府际关系网络的发展具有阶段性，国家重大战略密集出台、特大自然灾害发生、边疆地区不稳定因素增多的时期同时也是任务型府际关系网络蓬勃发展的时期；二是支援方的任务型府际关系网络子集类型多样，既有援助边疆民族地区的任务型府际关系网络，也有援助灾害受损严重地区的任务型府际关系网络，还包括重大工程对口支援任务型府际关系网络；三是任务型府际关系网络中支援方和受援方的关系往往会因为支援方的利益诉求而出现相对于中央预期的"偏离"，主要表现为用利益关系来补充甚至替代权力关系；四是任务型府际关系网络中各节点之间的互动程度与中央的政策力度相关，中央规定越明确、要求越严格，网络中各节点的互动性就越强。

(三)对口支援任务型府际关系网络的叠加、嵌套与重构

伴随着对口支援政策的实施和不断调整，由其形成的任务型府际关系网络在这几十年的时间里也不断发展变化着。在此过程中，有 3 种作用非常关键，即对口支援任务型府际关系网络的叠加、嵌套和重构。

第一，对口支援任务型府际关系网络的叠加。我国的对口支援任务型府际关系网络是相当复杂的，既有常态的对口支援，也有短期的援助合作，既有涉及十几个省份的制度安排，也有只惠及个别地区的政策照顾。但如果从演化的角度来看，这个宏观层面的任务型府际关系网络实际上就是由一个个中观层面的任务型府际关系网络叠加而成的。这些中观层面的任务型府际关系网络包括援藏府际关系网络、援疆府际关系网络、援青府际关系网络、援助三峡库区府际关系网络、援助汶川地震灾区府际关系网络和扶贫府际关系网络等六大关系网络。其中，援藏府际关系网络、援疆府际关系网络、援助三峡库区府际关系网络是历时相对较长、覆盖面相对较广的 3 个任务型府际关系网络，构成了全国性任务型府际关系网络的基础；援青府际关系网络是援藏府际关系网络的延伸，是对藏族同胞帮扶政策的补充和发展；援助汶川地震灾区府际关系网络是由意外自然灾害所催生的关系网络，是"一方有难，八方支援"精神的体现；扶贫府际关系网络与前面 5 个关系网络略有不同，但实际上享有与对口支援同等的政策待遇。正是这些任务型府际关系网络按照时间次序逐一叠加，才形成了庞大而复杂的全国性关系网络。

第二，对口支援任务型府际关系网络的嵌套。 这里所说的"嵌套"，强调任务型府际关系网络的嵌入性和立体性。 具体有 3 层含义：首先，从任务的制定者来看，其并非如人们想象中那样全都是由中共中央和国务院一手操办的。 据笔者考证，援藏、援疆、援助汶川地震灾区任务是由中共中央、国务院组织发起的，援助三峡库区任务是由国务院三峡办提出、报请国务院后由国务院办公厅发文下达的，援青任务是经国务院同意、由国家发展改革委发文下达的，扶贫任务则是由国务院扶贫开发领导小组安排、国务院办公厅发文下达的。 显然，任务制定者不同，其权威层次和嵌入度自然也会有差异。 其次，从任务本身来看，短期任务是嵌入在长期任务之中的。 根据我国的特殊国情，援藏、援疆必然是一项长期工作，而由其形成的援藏府际关系网络和援疆府际关系网络虽然不可能一直存在，但由中央一次又一次地延长援藏和援疆期限也可推知，该网络必然会在一定程度上相对常态化。 相比之下，国务院明确规定援助汶川地震灾区的期限是 3 年，因此像援助汶川地震灾区这样的临时性任务型府际关系网络通常情况下都会随着任务的结束而消散。 最后，从政府对任务的重视程度来看，"轻任务"是嵌入在"重任务"之中的。例如，在援藏、援疆、援助汶川地震灾区等问题上，中央明确规定了援助目标、援助任务和援助力度，有相对健全的监督、激励和约束机制，这对支援方来说就是一种"重任务"，那么由此形成的任务型府际关系网络就会特别紧密；相反，在扶贫等问题上，由于难以实施绩效评估，支援方积极性不够高，就把它当作一种"轻任务"，那么由此形成的任务型府际关系网络就会显得相对松散。

第三，对口支援任务型府际关系网络的重构。 所谓重构，其实是对原有对口支援任务型府际关系网络的调整，特别是对支援方与受援方的结对关系进行变更。 需要加以区分的是，重构并不等同于补充和完善。 因为，补充和完善是在保持既有对口支援关系的前提下所进行的微调，可能会增加新的支援方和受援方，但并不触及原来的结对关系；而重构则是对所有支援方、受援方的结对帮扶关系重新进行组合，虽然也有可能会增加一些支援方和受援方，但原有的结对关系将不复存在。 重构任务型府际关系网络，主要出于以下考虑：一是支援方不能很好地完成援助任务或者援助效果长期不佳，需要重新指定支援方；二是援助重点和援助对象发生变化，需要对有限的资源做出更加科学的部署；三是国家发展战略出现重大调整，需要在宏观层面上做出新的安排。根据对口支援关系网络的重构力度，可以把重构分为完全重构和有限重构。前者是彻底打破原有的对口支援关系后重新做出安排，后者则是在一定程度上保留部分原有的对口支援关系。两者的差异体现的是质变和量变的关系。重构任务型府际关系网络的一个典型案例是援疆。仅以南疆四地为例，其在1997—2013年的对口支援关系就进行过2次调整（见表4-1）。如此大的变化，实际上就是任务型府际关系网络重构的结果。

表 4-1　对口支援南疆结对关系的演变（不含兵团）

受援方	支援方		
	1997—2004 年	2005—2009 年	2010—2013 年
阿克苏地区	上海 河南	上海 河南 国家开发投资集团有限公司 中国国电集团公司 中国海运（集团）总公司	浙江
克孜勒苏柯尔克孜自治州	江西	江西 辽宁 中国华能集团公司	江西 江苏
喀什地区	天津 山东	天津 山东 中国南方电网有限责任公司 中国华电集团公司 中国五矿集团公司 中国通用技术（集团）控股有限责任公司 中国网络通信集团公司 鞍山钢铁集团公司	广东 深圳 上海 山东
和田地区	北京 浙江	北京 浙江 中国长江三峡工程开发总公司 中国电子信息产业集团公司	北京 安徽 天津

资料来源：根据相关文件整理。

时间维度上的叠加、重构和空间维度上的嵌套，使得对口支援任务型府际关系网络日益多样化和复杂化，并最终形成了全国性对口支援任务型府际关系网络。

三、对口支援任务型府际关系网络存在的问题

作为一种治理手段,任务型府际关系网络可谓成效显著。 对口支援政策实施多年,较好地解决了我国经济社会发展中出现的一些重大问题,为政府实现良好的治理奠定了必要基础。 但在看到成绩的同时,我们也要认识到,我国的对口支援任务型府际关系网络本身还不够完善,还有一定的改进空间。 运用网络分析方法,特别是对任务型府际关系网络的节点及其相互关系进行剖析之后,可以发现对口支援任务型府际关系网络在节点设置、网络管理、节点互动等方面都存在一定问题,从而影响了其治理绩效。

(一)节点设置不够科学

就对口支援任务型府际关系网络而言,所谓节点设置问题,其实就是确定支援方和受援方的问题。 毋庸置疑,中央在制订相关方案时都会经过统筹考虑,但其结果却未必总是科学合理的。

首先,将哪些地区纳入受援范围缺乏明确标准。 根据我国的具体实践,受援地区通常应具备下列条件之一:①事关民族团结、社会稳定和国家安全;②遭受严重自然灾害;③受到国家级大型工程项目影响。 这些标准看似明确,但只是学术性的总结,在国家层面并没有诸如"对口支援法"之类的专门法律对此予以明文规定。 哪些地区在何时应该得到怎样的援助,主要还是取决于当时的具体决策环境以及高层领导人的主观意愿。 标准的缺失又进一步引出了公平性的问题。 例如,同为欠发达地区的藏族同胞,青海的藏族同胞享受对口支援政策比西藏的藏族同胞晚了大约 30 年。

其次,让哪些地区承担援助任务没有统一规定。 考察我国对口支援的历史可以发现,承担过援助任务的省份虽然为数众多,但总体上还是以东部和中部省份为主。 按照邓小平同志"两个大局"的思想,东部发达地区援助西部欠发达地区是义不容辞的责任,但中部地区是否也必然应该承担援助任务呢? 这个问题在 20 世纪不会有争议,但在 21 世纪就未必了。 西部大开发战略实施多年以后,西部地区的经济社会发展水平明显提高,甚至个别地区还超过了

中部地区。在"塌陷"的中部亟待"崛起"的情况下，让中部省份承担与东部省份同样的援助任务是否合理？这恐怕是个需要重新审慎考虑的问题。

最后，支援方和受援方结对关系的安排不尽合理。中央在制定对口支援方案时，一般都会结合地区间的历史联系、经济状况等综合考虑，但人为的安排不可能总是毫无瑕疵的。尤其是在中央规定援助力度与支援方的地方财政收入挂钩时，一些新的问题就凸显出来了。例如，按照汶川地震灾后恢复重建方案，从 3 年支援资金与受援方 2007 年财政支出来看，支援资金占财政支出比重最高的是广东省，最低的是重庆市，且两者相差较多；从 3 年人均分配对口支援资金来看，汶川县为 77257 元，而剑阁县仅为 2490 元，两者相差约30 倍；从支援方的承受能力来看，河南、湖南、江西、安徽等省 2007 年人均地方财政收入和支出均低于四川省。① 可见，类似这样的结对关系还有待改进。

(二)网络管理手段单一

我国的对口支援任务型府际关系网络虽然比较庞杂，但管理的手段一直都比较简单。主要表现为：

第一，网络的建立主要依靠政治动员。对口支援任务型府际关系网络建立的过程，一般都伴随着 2 种现象：党政系统逐级开会下达通知和各种媒体铺天盖地地宣传动员。诚然，在"上有政治任务，下有政治觉悟"的情况下，只要中央发动了广泛的政治动员，任务型府际关系网络往往就能够迅速建立起来。但是，这种构建任务型府际关系网络的方式毕竟有其局限性，只有在特定的政治环境中才能够彰显出其强大的力量。改革开放 40 多年，我国的政治生态已经悄然改变，地方政府利益逐渐凸显，公民个体意识普遍觉醒。

第二，网络的运行主要依靠晋升激励。为了提高地方的积极性，中央出台了一些激励措施，如把对口支援绩效纳入对地方官员的政治评价之中，参与对口支援的干部能够获得额外的晋升空间等。无疑，在人事权相对集中的体

---

① 闪淳昌、周玲、方曼：《中国对口支援机制的成功实践与思考》，《中国应急管理》2010年第 12 期，第 16—19 页。

制之下，中央的承诺比较可信，支援方为了获得政治收益甘愿付出一定的经济成本。但不容忽视的是，这种激励手段并不是万能的，它能否奏效还要结合支援方本身的预期。倘若支援方"财大气粗"，很容易就能在对口支援工作中做到出类拔萃，自然也就有动力做到让中央满意；但如果支援方经济实力一般，地方官员的期望相对较低，支援力度就会打折扣。显然，大部分支援方属于后者。结果就是，对口支援任务型府际关系网络不能实现"良好运行"。

第三，网络的维持主要依靠权力控制。在受援方中，有不少地区自然条件恶劣，海拔高、气温低、风沙大，不适宜长期居住生活。在这些地区搞经济社会建设，可谓投入多、见效慢，因此一些支援方不愿意加大投资力度，只求完成中央规定的任务。相反，有一些受援地区自然资源丰富、产业特色明显，投资少、见效快，深受支援方欢迎。这种"嫌贫爱富"的行为可以理解，但如果任由支援方挑选援助对象，必将有损中央权威。对此，中央只能用政治权力强行压制，如规定支援方的资金投入应按比例逐年递增。但很明显，权力控制只能抑制支援方的"不作为"，并不能鼓励支援方"积极作为"。

(三)节点互动缺乏规范

在对口支援任务型府际关系网络中，节点间的互动关系主要有3种：支援方与受援方的互动关系、支援方之间的互动关系和受援方之间的互动关系。这3种节点互动关系都不够理想。

首先，支援方与受援方的互动有些随意。这种随意性表现在3个方面：①援助行为缺乏科学合理的计划。在不违背中央政策的前提下，"支援方给什么，受援方就要什么"，在制度上缺乏规范性和制约性。②支援方政府与受援方政府之间存在"合谋"行为。例如，出于政绩需要，不管是支援方政府还是受援方政府都倾向于把有限的资金投入城市建设中，而对于农村和牧区则相对投入较少。③援助方式创新存在"跟风"现象。例如，在汶川地震灾后重建过程中各地都宣称要"变对口支援为长效合作"，而在2010年的援疆工作中又都提出了"产业援疆"的口号。

其次，支援方之间的互动中竞争多于合作。理论上，所有承担援助任务的地方政府之间应该是一种协作关系，但实际情况并非如此。在对口支援的结对关系中，"一对一""二对一"和"多对一"是最基本的 3 种结对方式，且以后面 2 种最为常见。结果就是，援助同一对象的 2 个或多个支援方往往会因为不甘落后而在人、财、物等的投入上展开竞争。事实上，即使援助的不是同一对象，支援方之间也会自发地进行竞争。例如，在汶川地震灾后恢复重建时，18 个省市争相购买高标号建材，结果导致四川建材市场上高标号建材的价格一路飙升①，造成了一定的资源浪费。再如，在援疆工作中，由于支援方都急于出成绩，结果导致新疆出现了县县建园区、产业同质化、产能过剩等问题。②

最后，受援方之间缺少必要的互动联系。在对口支援任务型府际关系网络中，受援方各节点之间的联结关系基本上都属于纯粹的行政关系，彼此间来往较少。甚至可以说，受援方之间的交流还没有其与各自支援方的交流频繁。这对府际关系发展和经济社会发展都是不利的。放眼全国，东部和中部地区的区域一体化正搞得如火如荼，蓬勃发展的区域经济合作为各地区经济增长注入了新的活力。事实证明，地方政府采用"抱团竞争""联合发展"的策略是非常明智的。而不少处于西部欠发达地区的地方政府还没有注意到这个趋势，没有对区域资源整合给予足够的重视，更没有建立区域合作组织的实际行动，从而也就难以把握住新一轮的发展机遇。

上述种种问题，必然会制约对口支援任务型府际关系网络的实际功效，使得对口支援的政策效果出现偏差。

四、治理对口支援任务型府际关系网络的基本思路

不断创新政府治理方式，提高政府治理能力，改善政府治理绩效，是当今各国政府共同的发展趋势。对口支援工作事关全局、影响深远，必须予以系统性完善。根据前面的分析，我们认为，应当本着"坚持、调整、规范、提升"的原则来加强对对口支援任务型府际关系网络的治理，使其能够最大限度

① 《18 省市对口援建现"温暖竞争"争抢高标号建材》，http：//news. xinhuanet. com/local/2009-05/13/content_11364890_3. htm，2009 年 5 月 13 日。

② 闫海龙：《产业援疆工作中需要关注的几个问题》，《改革与开放》2014 年第 1 期，第 7—8 页。

地发挥积极作用。

(一)从法律层面对对口支援任务型府际关系网络进行制度设计

1984 年开始实施的《中华人民共和国民族区域自治法》、2001 年发布的《长江三峡工程建设移民条例》和 2008 年颁布的《汶川地震灾后恢复重建条例》都曾提到对口支援问题,但这些原则性规定都过于模糊,难以回应实践中面临的各种问题。 总体来看,现行的对口支援政策还只是一种政治任务,从启动到结束都完全是由中央精神指导而不是按照法律规定操作的。 倘若能够把政治任务转变成法律义务,不仅能够提高这一工作的法律地位,调动多方参与的积极性,还能够减轻中央面临的舆论压力和来自地方的阻力,可谓一举多得。 况且,对于这种延续时间长、涉及范围广、动用经费多的重大公共事务,完全有必要进行专门立法。[①]

对口支援法律至少应当包括这些内容:①什么条件下可以启动对口支援,哪些层级的政府和部门有权启动对口支援;②符合哪些条件的地区可以作为受援对象,达到什么标准的地区应当承担援助任务;③支援方和受援方各自的权利和义务是什么;④对口支援的实施程序、标准和范围;⑤对口支援的终止条件和程序。 明确了这些内容之后,各地方政府在参与对口支援时就不仅仅是在完成政治任务,也是在履行法律义务,保证了今后的工作有章可循。

(二)重新划分中央与地方在对口支援任务型府际关系网络中的责任

放眼世界,大多数国家对欠发达地区的援助和开发是由中央政府完成的,地方政府很少参与。 我国作为一个实行中央集权制的社会主义国家,中央政府是否应该把对口支援这样的责任转移给地方政府其实是一个需要重新思考的问题。 诚然,"一方有难,八方支援"能够体现出社会主义制度的优越性,让发达地区无偿援助欠发达地区也有利于促进民族团结和社会稳定,但在法理上,集权体制下的中央政府确实应该承担更多的责任。 特别是在对口支

---

① 朱光磊、张传彬:《系统性完善与培育府际伙伴关系——关于"对口支援"制度的初步研究》,《江苏行政学院学报》2011 年第 2 期,第 85—90 页。

援出现了公平性问题的时候,中央更应该主动作为对口支援任务型府际关系网络中的一个重要节点,及时发挥平衡和调节作用,而不是置身事外。

在不同类型的对口支援中,中央政府和地方政府应该分别承担不同的责任。就对口支援边疆民族地区来说,为了减少争议,提高地方的积极性,中央政府可以主动援助一批自然条件最恶劣、投入产出比最低、经济发展水平最落后的地区,并且在指定地方间的结对关系时坚决贯彻公平性原则;在灾害损失对口支援中,应由中央政府和地方政府共同出资设立专项灾害应对和重建基金,纳入政府预算,并建立专门的基金管理机构,或者可以尝试在灾后重建时采用"中央出钱,地方出人和技术"的央地合作模式;对于重大工程对口支援,则要尽可能地运用中央的资源来解决问题,地方只起到辅助作用即可。整体来讲,划分中央与地方责任的关键在于改革现行的财政制度,特别是要在合理规定央地税收分成比例的基础上建立完善的纵向财政转移支付制度和横向财政转移支付制度。

(三)规范地方政府在对口支援任务型府际关系网络中的互动关系

任务型府际关系网络为横向政府间关系和斜向政府间关系的发展提供了契机,因此有必要从政治发展的高度来正确引导地方政府间关系的走向。其中,最重要的是顺应地方政府间合作潮流,推动支援方和受援方的合作关系从无偿援助型逐步转变为平等互利型。唯有如此,才能充分发挥任务型府际关系网络的治理功效。当然,由于平等互利型合作与无偿援助型合作在合作主体、动力机制、运行机制等方面存在许多差异,要完成这个转变绝非易事。当务之急是要促进国内各地区间的经济社会一体化,使支援方和受援方尽快走到同一个发展平台上来。对于支援方之间的"援助竞赛",则要确保将其控制在一个合理的范围内,以期收到既能够激发援助热情又尽可能减少资源浪费的效果。另外,还要注意引导受援方之间开展多种形式的区域合作,如消除行政壁垒、加强经济技术协作、共建产业园区等,为区域经济一体化奠定必要的基础。

我们在看到任务型府际关系网络对府际关系生长具有积极作用的同时,也要及时遏制一些不良倾向。例如,随着对口支援的不断深化,不论是支援方还是受援方都会把这种制度安排转化为各自发展的战略平台，由于这种网络是基于结对关系而形成的，因而很可能会具有排他性，从而造成隐性的区域分割或地方分割。① 对此，应早做防范，定期重构对口支援任务型府际关系网络，或者鼓励地方政府在更广阔的地域范围内开展更高层级的资源整合。

（四）与时俱进地丰富对口支援任务型府际关系网络的管理手段

在现代政府管理实践中，管理主义和绩效主义是两大重要发展趋势，而治理绩效的提高又往往依赖于管理手段的精细化和多元化。 因此，有必要在充分吸收和运用现代公共管理理论的基础上，结合实践的需要不断丰富对口支援任务型府际关系网络的管理手段。 例如，应当在对口支援中实行战略管理，根据国家长远发展目标制定新的资源配置方案，而不能被一些所谓的"特殊问题""重大事件"牵着鼻子走；实行目标管理，让各级支援方和受援方都有机会参与援助规划的制定，并在子目标的分解过程中明确各自的权、责、利；实行全面质量管理，以全员参与为基础，建立一套科学、严密、高效的工程项目质量保证体系；建立更为严格和完整的绩效考核制度，不仅要确保各支援方高标准地完成对口支援任务，而且要保证各受援方有能力让援建项目持续产生良好的经济效益和社会效益；等等。

另外，结合国内外典型经验，还要不断拓展和深化对口支援任务型府际关系网络，特别是要注意引入社会组织、民营企业和志愿者等新兴力量，引导其在今后的对口支援工作中发挥更大的作用。 而当前亟待我们去做的是，为社会组织、民营企业和志愿者等提供参与对口支援的平等机会，用合理的行动方案来引导其有序参与，逐步建立起与政府之间的良好合作机制，进而构建一个"政府引导、企业协作、社会力量积极参与"的新型对口支援模式。

---

① 林尚立：《重构府际关系与国家治理》，《探索与争鸣》2011年第1期，第34—37页。

第三节　西藏民众对与内地合作的认知分析

一、问题的提出

地方合作是促进经济社会一体化的重要手段。 中华人民共和国成立以来，特别是改革开放以来，为了加快西藏与内地的一体化进程，党中央先后召开了多次西藏工作座谈会，出台了多项政策引导内地各省市开展援藏工作。在多年的援藏实践中，我国形成了"分片负责、对口支援、定期轮换"的地方合作模式，有效地促进了西藏与内地的社会、经济、文化融合。 随着我国经济的快速发展，西藏与内地一些省市之间自发的、互惠互利的地方合作逐渐增多。 一方面，从内地到西藏投资建厂、寻找商机的企业和个体户越来越多；另一方面，西藏在发展中也产生了"走出去"和"引进来"的各种需求，各方基于共容利益的合作共识正在迅速凝聚。 可以认为，西藏与内地的地方合作已经开始呈现出从对口支援型合作向平等互利型合作转变的趋势。

同时，我们也认识到，随着西藏与内地的经济社会联系日益密切，地方合作对西藏民众所产生的影响也愈加深刻，并且越来越多地涉及他们的切身利益。 根据利益相关者理论，西藏民众对地方合作的认知、态度和评价，将成为影响西藏与内地开展地方合作的重要变量。 鉴于此，笔者通过问卷调查的方式考察西藏民众对地方合作的认知度，以期从中发现问题，进而为继续深化西藏与内地的合作提供建议。

二、调查方法与样本基本情况

在我们开展这项研究的当年(2011 年)，西藏设有 1 个地级市(拉萨市)、6个地区(昌都地区、林芝地区、山南地区、日喀则地区、那曲地区、阿里地区)。 出于研究需要，在综合考虑了经济总量、产业结构和自然地理环境等因素之后，我们选取了拉萨市、昌都地区、山南地区、日喀则地区和林芝地区这5 个市(地区)作为发放调查问卷的主要地域，而没有将海拔相对较高、第一产业在产业结构中的比重相对偏大、地广人稀特征相对明显的那曲地区和阿里地区纳入样本区域。

此次调查主要采用标准化访谈法，由受过专业培训的调查员和在南开大学、天津大学就读的西藏生源大学生来承担具体的标准化访谈工作。访谈对象均为具有本科及以上学历的中青年西藏民众。由于研究条件有限，本次调查共发放问卷 240 份。从具体的行政区分布来看，除了市区及行署所在地之外，调查范围还包括拉萨市的当雄县、林周县，山南地区的贡嘎县、错那县、洛扎县，林芝地区的察隅县，日喀则地区的仁布县、亚东县、萨迦县，昌都地区的江达县。

三、调查结果与数据分析

本次调查的数据处理结果及其分析如下。

（一）西藏民众对地方合作的了解程度

在问及"您是否了解或听说过本地与其他省市的合作情况"时，只有4.2％的受访者表示"了解"，33.3％的受访者表示"知道一些"，"只是听说过"的占58.3％，"完全不知道"的占4.2％。前三者的总和为95.8％。可见，大部分西藏民众对西藏与内地开展的地方合作情况或多或少有一定的认识。同时，为了进行对比，调查问卷中还设计了"您是否了解或听说过国内其他地区的地方合作情况"这一问题项。调查结果显示，受访者表示"了解"的为0人，"知道一些"的占12.5％，"只是听说过"的占37.5％，"完全不知道"的占50％。这表明，处在特定地区的人们对自己家乡与外地合作的关注程度要远远超过对发生在其他省市的地方合作的关注程度。由于受到地域范围、信息发达程度、利益相关程度等因素的影响，西藏民众对西藏与内地开展的地方合作情况了解较多，而对国内其他地区的地方合作关注较少或了解不多。

（二）西藏与内地开展地方合作的情况

根据地方合作参与主体或主导力量的不同，地方合作至少可以分为地方政府间的合作、企业间的合作、社会组织间的合作 3 种。 调查结果显示，西藏与内地开展的地方合作中，这 3 种合作情况都存在。 在对地方合作有一定了解的受访者中，70.8%的人认为本地与其他省市的合作中存在地方政府间的合作，45.8%的人认为本地与其他省市的合作中存在企业间的合作，29.2%的人认为本地与其他省市的合作中存在社会组织间的合作。 可见，西藏与内地的地方合作仍然是以政府间的合作为主，企业、社会组织之间的合作虽然有了一定发展，但尚未形成规模。

如果把西藏与内地的合作分为对口支援型和平等互利型 2 类的话，可以发现，在对地方合作有一定了解的受访者中，70.8%的人认为本地与国内其他省市的合作主要是对口支援型合作，4.2%的人认为本地与国内其他省市的合作主要是平等互利型合作，20.8%的人认为两种类型兼有，还有 4.2%的人表示不了解或难以判断。 这表明，西藏与内地的合作仍然以对口支援为主，平等互利型合作虽然日益增多，但还只是在个别地区发展较快。

(三)地方合作在西藏产生的影响

地方合作在西藏已经实践多年，对西藏政治、经济、文化等各方面所产生的影响是非常广泛的。 从西藏与内地各省市开展地方合作所产生的社会影响来看，83.3%的人认为地方合作促进了本地经济的发展，20.8%的人表示地方合作能够提高当地居民收入，75%的人认为地方合作有利于促进民族关系和谐，29.2%的人认为地方合作有利于社会稳定；同时，有 54.2%的人对地方合作所导致的生态环境问题表示担忧，还有 33.3%的人认为地方合作影响了当地人的生活方式。 这些数据表明，在西藏民众看来，地方合作对西藏产生的影响是多方面的，地方合作的积极作用和负面影响同时存在，地方合作在有力地促进了西藏经济发展、有效地改善了民族关系的同时，也在一定程度上对雪域高原的自然生态环境造成了破坏。

另外，从个体的角度来看，有 16.6%的人认为本地与其他省市的地方合作对自己的生活和就业产生了积极影响，66.7%的人表示自己的生活受到了一定影响，还有 16.7%的人不太确定地方合作是否对自己的生活产生了影响。 也就是说，大约有 83.3%的西藏民众都明确承认地方合作对自己确实有一定影响。

（四）西藏与内地开展地方合作的效果及其影响因素

调查结果显示，认为本地开展的地方合作"效果很好"的西藏民众只占所有受访者的 16.7％，有 75％的人认为本地开展的地方合作"效果一般"，没有人认为合作效果不好，但有 8.3％的人不愿意对此问题进行表态。这说明，西藏民众对地方合作的效果并不是很满意。当然，这只是一种主观评价，反映的只是民间的态度。

那么，是哪些因素影响了地方合作的效果呢？调查问卷中列举了 10 个选项，分别是"与内地发展水平差距大""地理环境因素""产业结构因素""语言、宗教、生活习俗等文化因素""市场因素""税收及其他投资政策""地方政府缺乏创新能力""企业积极性不高""缺乏合作信息""本地政府积极性不够"。统计结果显示，在受访者中，有高达 66.7％的人选择了"地理环境因素"，有 58.3％的人选择了"语言、宗教、生活习俗等文化因素"。选择其他选项的比例分别为："产业结构因素"41.6％，"与内地发展水平差距大"37.5％，"地方政府缺乏创新能力"25.0％，"企业积极性不高"16.7％，"缺乏合作信息"16.7％，"本地政府积极性不够"8.3％（见图 4-5）。没有人选择"市场因素"和"税收及其他投资政策"。这说明，西藏与内地开展地方合作的相关政策已经比较完善，面临的主要障碍是那些短期内无法改变的客观条件，如自然地理环境、文化因素、固有的产业结构因素等。

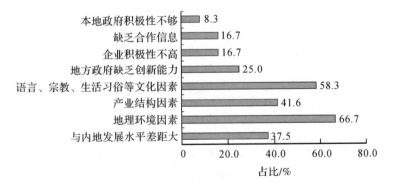

图 4-5　影响西藏与内地合作效果的主要因素

（五）西藏民众对之后地方合作的期望

地方合作一般发生在资源开发、基础设施建设、产业分工协作、旅游服务业、社保民生、环境保护、贸易、信息共享、人才跨地区流动、招商引资这十大领域。那么，之后应该在哪些领域重点加强西藏与内地各省市的合作呢？调查结果显示，西藏民众选择最多的是环境保护，占 70.8%；第二是基础设施建设，占 62.5%；排在第三位的是旅游服务业，占 41.7%；排在第四位的是人才跨地区流动，占 37.5%；位居第五的是社保民生，占 33.3%。受访者选择较少的 5 个领域分别为：贸易（29.2%）、招商引资（29.2%）、资源开发（20.8%）、产业分工协作（16.7%）、信息共享（12.5%）（见图 4-6）。这说明，在西藏民众看来，保护环境可能比发展经济更为重要。在不破坏生态环境的前提下，他们希望政府能够搞好交通、电力、通信等基础设施建设，进一步改善生活条件。同时，也有不少人希望自己能够"走出去"，到其他地区实现自己的人生价值。

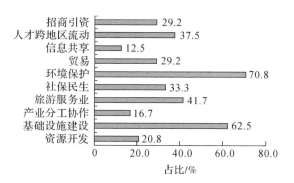

图 4-6　西藏民众希望加强合作的领域

关于如何进一步推动西藏与其他省市的地方合作，使其逐步向平等互利型合作转变，受访者均表示应当充分发挥中央政府、地方政府以及企业等多元主体的作用。而在对主导力量的选择上，有 50% 的人认为主要依靠中央政府的政策引导和资金扶持，29.2% 的人认为可以通过地方政府达成合作协议，其余 20.8% 的人则认为应该让企业与企业自发合作。显然，在西藏民众看来，中央政府在之后西藏与内地的合作中仍然发挥重要作用，他们对中央政府的政策期待高于对地方自发性合作成效的预期。

四、结论与政策建议

随着民主化进程的不断深入，尊重公民权利，保障公民利益，让公民有充分的意见表达自由，在公共决策中引入公民参与，已经成为世界范围内的发展趋势。地方合作的有效推进，同样离不开民众的理解、支持和参与。西藏与内地的社会经济合作，事关西藏经济社会发展与国家稳定之大局，需要在考察民情、尊重民意的基础上审慎推行。根据调研结果，笔者在此提出一些建议。

第一，要在改进宣传策略的同时加大宣传力度，提高西藏民众对地方合作的认知度。援藏工作进行了这么多年，却仍然有超过半数的人表示"只是听说过"，甚至还有人表示"完全不知道"，其原因主要有2个：一是宣传力度不够；二是个别人对接受援助已经麻木了。所以，有必要继续改进宣传策略，加强舆论引导，让投入了如此多人力、物力、财力的巨大工程真正深入广大西藏民众心中。同时，还要警惕"受援麻木症"的出现。

第二，要充分调动地方积极性，推动西藏与内地的合作由对口支援型向平等互利型转变。尽管调查结果显示西藏民众对中央政府的政策安排寄予厚望，但从长远来看，还是应该充分发挥地方的自主性和创造性。毕竟，对口支援是一种单向度的经济援助，处于地方合作的最低层次。对于支援方来说，它是一种政治责任和义务；对于受援方而言，则是一种被动接受，容易导致"依赖型经济""输血型经济"等问题。所以，努力拓展新的合作领域，提升合作层次，从不对等的政治性合作向平等互利的经济性合作转变，才是"一举多得"的长久之计。在汶川地震灾后重建过程中，支援方与受援方的合作就经历了这样的一个转变，并且得到了中央的认可。西藏的发展，可以借鉴四川的经验，这样才能增强自身"造血"能力，提高发展潜力。

第三，要进一步改善西藏民众的生活条件，提高就业率，让普通民众真正从地方合作中受益。这里要重点注意2个方面：一是继续加强基础设施建设；二是提高西藏民众收入。客观地讲，西藏的基础设施建设已经取得了很大成效，但西藏毕竟地域广阔、自然条件恶劣，各地区的发展需求仍然十分迫切。 也正因为如此,在西藏民众最希望加强合作的领域里,基础设施建设才会高居第二位。 同时,我们也要认识到,区域的发展最终还是要落实到人的发展上来,即使高楼大厦鳞次栉比也并不意味着经济社会稳定、健康。 从前面的数据中可以发现,只有大约 1/5 的人表示地方合作能够提高当地居民收入,同时,还有 37.5% 的西藏民众对人才的跨区域流动非常期待。 这就提醒我们在之后的地方合作中,必须努力为西藏民众提供更多的就业岗位,培养其专业技能,提高非援助性收入水平,使其真正享受到地方合作所带来的好处,减少其"相对剥夺感"和抵触心理。

第四,在加强地方合作的同时必须保护好西藏的生态环境。 雪域高原的生态环境非常脆弱,一旦遭到破坏,短期内很难恢复。 而且,西藏民众对西藏的雪山、河流、湖泊等具有特殊的感情,对自然生态十分珍视。 在西藏民众希望重点加强合作的领域中,选择环境保护的有 70.8%,而选择资源开发的只有 20.8%,这不能不引人深思。 所以,在推进西藏与内地合作的过程中,必须以不破坏西藏的生态环境为基本前提。 可行的思路是,以旅游服务业合作为龙头,逐步带动其他相关行业的发展,深入推进农牧产品加工、工艺品制造等领域的合作,合理、适度地开展能源、矿产方面的合作。

此外,我们也要认识到,西藏与内地的合作面临着自然地理环境、宗教文化习俗等客观条件的制约,实现西藏与内地的经济社会一体化不能一蹴而就,不可操之过急,必须因地制宜,不断创新,在政府、企业、社会组织等多元主体的交流互动中稳步推进。 这样,才能够在有效促进西藏经济社会发展的同时避免潜在的社会风险。

第四节　对口支援的转型路径

综观各类对口支援的基本态势,可以发现,这种支援型的地方合作整体上还处于较低层次,落后于国际国内地方合作的发展趋势。 所以,为了更好地促进受援方与支援方的协调发展,必须努力推动对口支援转型。 同时,我们也看到,许多受援方已经具备了一些转型的条件,如果能够因势利导,必然可以得到更好的发展。

一、转型的基本方向：从对口支援型到平等互利型

根据受援方的经济社会发展状况和内地省份经济转型升级的迫切需要，我们认为，应当努力推动支援方与受援方的合作模式从对口支援型向平等互利型转变。

（一）对口支援型地方合作的作用与局限性

对口支援，特别是针对西部地区的对口支援，是在特定的经济发展阶段，中央根据国内各地区经济发展差异较大的现实和切实贯彻执行民族政策的需要，以及政治社会稳定的考虑而做出的重大决定。这种由中央安排的地方合作，在特定的历史时期，发挥了不可替代的作用。具体表现为：

第一，对口支援在一个相对较短的时期内极大地促进了部分欠发达地区的经济发展，为缩小国内区域差距奠定了良好的基础。众所周知，欠发达地区的经济起飞需要强大的动力，鉴于这些地区资金严重匮乏、市场发育程度较低的客观形势，倘若没有足够的外部动力带动，这些地区的经济发展可能会长期被"锁定"在一个非良性的轨道上。这种路径依赖将会大大延缓欠发达地区现代化的进程。而对口支援正是解决这种不良路径依赖的一种有效途径。通过中央的安排，让那些经济实力较强的省份帮助那些经济实力较弱的省份，既能够为欠发达地区注入大量的刺激性资本，又能够较好地传播发达地区发展经济的先进经验，使欠发达地区能够迅速地进入经济增长的"快车道"，甚至实现跨越式发展。

第二，对口支援较好地解决了我国长期存在的民族问题。我国是一个多民族国家，历史上几乎每一个中央政府都非常重视民族问题，社会主义中国更是如此。历史上民族问题一个很重要的方面就是各民族在政治、经济地位上不平等。当然，这种不平等是由很多因素共同造成的，特别是一些历史性、根源性的因素确实很难完全消除。但是，在中国共产党的领导下，中华人民共和国成立之后，我们实行了民族平等、民族团结、各民族共同繁荣的民族政策和民族地区区域自治制度，以及其他的民族优惠政策。这些政策的实施，

极大地消融了民族矛盾。而对口支援政策的出台和贯彻，更是"锦上添花"之举。中央安排的那些受援地区基本上都是少数民族聚集区，对口支援所产生的良好社会效益和经济效益在少数民族地区得到了充分的展现。通过对口支援，各民族之间的交往更加密切。可以说，对口支援架起了一座座象征兄弟情谊的桥梁。自这项政策实施以来，不同民族的公民之间的各种差异越来越小，民族问题也随之淡化。

第三，对口支援提高了边疆民众的生活水平，促进了边疆地区的社会稳定。我国幅员辽阔，边疆地区的面积也相对较大。自古以来，边疆地区的稳定问题都是政府非常重视的问题。边疆稳则国稳，边疆治则国治。也正因为如此，历朝历代的国家管理者都会潜心研究"边安学"。但是，从本质上来看，不管封建时代的统治者在技术上采用何种举措，其根本都是为稳固中心地区服务的，始终没有摒弃把边疆看作抵御外侵的"屏障"和"缓冲带"的思想。在这种情况下，边疆民众的生活一直都只能处于较低的水平，不能享受到与中心地带民众同等的待遇。而中华人民共和国成立之后所推行的对口支援政策，则实现了一个根本性的转变，第一次真正把边疆的发展纳入全国各地区协同发展的战略中，并且针对边疆民众生活状况相对较差的现实，采取了很多改善措施，大大提高了边疆民众的生活水平，使他们真正享有了国民待遇，实现了从农业社会甚至是从农奴社会向工业社会的伟大转变。相应地，我国的边疆地区不仅保持了长期的稳定，还在各个方面得到了长足的发展。

但是，在看到对口支援的积极作用的同时，我们也要认识到，对口支援作为一种非制度化的援助手段，通常只适用于特殊的历史时期，而一旦欠发达地区的经济发展进入了良性循环的轨道或者对口支援的负面影响开始凸显，就应当及时地予以调整。对口支援型地方合作的局限性主要表现在以下几个方面。

第一，对口支援在解决欠发达地区眼前困难上卓有成效，但对于欠发达地区的长远发展问题却显得力不从心。由于经济基础较差，国有经济、集体经济和私有经济等发育都不成熟，欠发达地区的地方财政收入自然也就相对较少，难以与东部发达地区相比。但是，社会的公共服务需求却并不会因为地方财政收入有限而相应地有所减少。相反，在公民权利观念已经得到广泛普及的今天，社会公众的公共服务需求几乎可谓是完全不受空间地域等因素影响的。那么，在财力匮乏的地区，地方政府如何回应民众的公共服务诉求呢？这显然是一个深深困扰着地方管理者的难题。无疑，对口支援的实施暂时性地帮助欠发达地区的地方政府解决了这个难题。通过接受来自各个兄弟省市的援助，欠发达地区可以在大型基础设施建设、卫生、医疗、教育等许多方面有所作为，在不加重当地群众和企业税收负担的同时提供更优质的公共服务。但是，从根本上来讲，受援地区的经济水平却很少会因为得到了援助而迅速提高。对口支援虽然在一定程度上促进了受援地区的发展，但始终没有解决其经济增长的动力问题。根据马克思主义基本原理中内因与外因的辩证关系，外部动力显然只是一个辅助条件，要想真正实现特定地区的长远发展，就必须彻底解决内生增长动力的问题。而要解决这个问题，显然是不能寄希望于对口支援的。

第二，对口支援容易使受援地区出现"援助依赖"。对口支援，无论出于何种目的，无论采取何种形式，都能够暂时地帮助受援地区走出困境。但是，就像扶贫一样，对口支援在实施一段时间之后，也很容易使受援地区患上"援助依赖症"，助长受援者的"等、靠、要"心理。媒体上所报道的诸如"越扶越贫""越输血越贫血""一边靠补助贷款，一边攀比消费"等我国扶贫实践中曾出现过的种种"怪象"，在对口支援中也同样存在。

第三，对口支援在一定程度上加重了支援方地方政府的财政负担，并非长久之计。我国是一个中央集权制的国家，对于中央下达的政治任务，地方自然应该不折不扣地完成。但是，中央也不可能总是向地方"要结果"，也必须为地方的工作着想。对口支援，作为一种自上而下的工作安排，难免会对各地地方财政预算制度的统一性有一定冲击。现有的对口资金由省市分级筹措，依中央要求按一定比例列入本级政府预算。这笔资金实际上成为中央和地方分税体系以外地方政府额外的财政负担。事实上，在那些被列为支援方的省份中，有少数省份虽然在经济总量上超过其对口援助的地区，但在人均

GDP 等指标上的优势并不明确,甚至低于受援地区。① 其实,陕西、河北、吉林、安徽、黑龙江等省都不属于经济发达地区,长期承担援藏任务恐怕难以做到始终如一。

(二)平等互利型地方合作的优点

如果说对口支援型地方合作还带有一些计划体制的特征、具有时代性和局限性的话,那么,平等互利型地方合作则是在社会主义市场经济体制已经较为完善的新时期自发形成的一种新的地方合作模式。 这里的平等互利,是就合作主体在开展合作时所处的相对关系而言的。 平等,即双方在身份地位上没有高下之分,都是独立的行为主体,既不存在一方对另一方的牵制,也不受其他因素的干扰;互利,即双方通过合作都可以获得一定的收益,合作的结果是双赢,而不是其中任何一方的无偿付出。 由此可见,平等互利型地方合作实际上还包含了自愿性、契约性、双向性、法律规定性等特征。

从我国的地方合作实践来看,真正意义上的平等互利型地方合作大约发轫于 20 世纪 90 年代,勃兴于 21 世纪初,并很可能成为今后较长一段时期内地方合作的主要形式。 这种地方合作模式的兴起也是有着特定的时代背景的。 首先,在经济上,经过改革开放之后十几年的快速发展,国内不少地区都出现了经济区域化的趋势,打破行政边界的桎梏、在更广泛的区域内配置资源成为经济发展的新动向;其次,在政治上,以地方 GDP 增长率为中心的政绩考核制使得地方官员之间的晋升博弈日益激烈化,为了在新一轮的 GDP 竞争中赢得更多优势,不少地区都相继放弃了以往"单打独斗"的竞争策略,转而采取"抱团竞争"的新举措;最后,在法律制度上,由于我国既没有"政府间关系法"或"政府间合作法"这样的法律,也没有类似美国联邦宪法中"协议条款"的规定,地方合作面临着制度供给不足的困境,而事实上,自 1978 年开始的行政分权化改革已经让地方政府具有了较大的自主性和实质性的斟酌权力,于是,在与中央保持一致的前提下,地方政府之间自发的互利合作便

---

① 朱光磊、张传彬:《系统性完善与培育府际伙伴关系——关于"对口支援"制度的初步研究》,《江苏行政学院学报》2011 年第 2 期,第 85—90 页。

开始活跃起来。

与对口支援型相比，平等互利型地方合作具有以下优点。

第一，在平等互利型地方合作中，合作双方具有较强的独立性和较大的自主性，其决策行为由于不受政治等因素的干扰而更加科学合理。在对口支援的政策之下，支援方和受援方都是由中央统一指定的，甚至可以说有时候就是把两个本来没有什么联系的地区硬性"捏合"在一起的。不仅如此，就连双方合作的领域、内容、资金投向等许多具体的事项，中央都出台了相关的文件，做出了相应的指示。所以，在对口支援型地方合作中，支援方和受援方都缺乏必要的自主性，合作行为受到了较多因素的制约。而在平等互利型地方合作中，中央政府或上级政府的意志最大限度地被淡化，合作双方都成了独立的决策主体，要不要开展合作、在哪些领域开展合作、以何种形式开展合作等都由双方自主决定。这样，合作双方就能够最大限度地根据各自的经济社会发展战略和当前的实际情况来自主协商合作事宜，对合作项目、合作资金等的投向做出更符合双方要求的、更为合理的决策，从而真正实现以合作谋求发展、以合作促进发展的目的。

第二，各参与主体在平等互利型地方合作中都能够获得一定的收益，合作动力较强，合作积极性较高。平等互利型地方合作与对口支援型地方合作的一个重大区别就是：对口支援是一种单向援助行为，而平等互利则是一种双向互惠行为。对于支援方来说，对口支援是无偿的，顶多算是用经济上的付出来换取政治上的收益。因此，对口支援既是一种责任、一种义务，也是一种负担、一种压力。从根本上来看，对口支援运行的基础在于党中央强大的动员能力，所以，对口支援的持续也有赖于中央层面的高度重视和一次又一次的反复强调。但从支援方的普遍情况来看，不管是经济发达的省市还是经济不够发达的省市，一般都没有特别高的积极性。究其原因，是因为支援方的利益诉求没有得到满足。我们都知道，人既有利他性，也有利己性，从利他性出发，做一件帮助别人的事并不难，但如果要一辈子都去帮助别人，恐怕就只有少数人能够做到了。对口支援也是同样的道理。只有顾及支援方的正当利益诉求，并尽可能地予以满足，支援方才会有动力把地方合作坚持下去。平等互利型地方合作的出现，正是源于支援方的利益诉求。在平等互利型地方合作中，双方的利益诉求都得到了完整的表达，都对合作收益有一个特定的预期，因此，也就具有更为充足的合作动力、更为高涨的合作积极性。

第三，平等互利型地方合作以合作协议为基础，以相关法律为准绳，合作双方的权利义务关系明确，合作质量有保证。从前面的研究中我们已经发现，签署合作协议是当今地方合作中的"流行"做法。不少具有对口支援关系的地方政府之间都相继签署了一些合作协议。这种趋势，值得肯定。但同时我们也要认识到，虽然签署合作协议对于对口支援来说是一种进步，但这种"家长制"下的地方合作即使出现了纠纷，通常也不会寻求法律途径来解决。甚至可以认为，个别地方政府签署合作协议可能是出于"赶时髦"的心理或者提高媒体曝光率的需要。所以，从这个角度来看，对口支援型地方合作中签署的合作协议与平等互利型地方合作中签署的合作协议有着根本性的区别。对于前者，合作协议的象征意义可能远大于实质意义；对于后者，合作协议则是一种法律保障。在平等互利型地方合作中，双方以协议的形式约定了合作内容、合作形式、各自的权利和义务等，明确了利益分享机制、监督实施机制和纠纷裁决机制，能够较好地规范相关行为，尽可能地保证合法权益。显然，这种地方合作才是符合现代市场经济和法治社会内在要求的合作形式，也是国内地方合作的发展方向。

第四，平等互利型地方合作能够充分发挥市场机制的作用，调动社会资本参与的积极性，实现资源的优化配置。对口支援具有一定的计划体制特征，是政府配置资源的一种表现形式。诚然，这种由政府来配置资源的方式确实在一个特定的历史阶段极大地促进了欠发达地区的发展，但也存在着一些内在缺陷。例如，相关指挥者和管理者可能并不具备全面的信息，有限理性和信息不对称的存在使得对口支援难免会存在效率上的损失。更重要的是，这种资源配置方式忽视了市场在资源配置中的基础性作用，没有充分调动社会资本参与欠发达地区经济建设的积极性，不能有效地引导资金、人才等要素流向边际报酬递增的领域和地区。而平等互利型地方合作则恰恰弥补了对口支援型地方合作的缺陷。平等互利型地方合作遵循的是效率原则，体现的是市场逻辑。从合作主体来看，平等互利型地方合作的参与主体更加多元化，除了作为引导者和组织者的地方政府以外，还包括地方政府辖区内的各种企业以及社会组织等。 合作主体的多元化意味着一种新的全方位合作格局的诞生。 在全方位合作格局中，地方政府、企业、社会组织等分别拥有不同的资源，发挥不同的作用。 所以，这种地方合作能够在最大限度上调动资本、人力、技术等诸多要素，进而实现资源的优化配置。

(三)从对口支援型转向平等互利型的必要性

当前支援方与受援方的地方合作整体上尚未突破对口支援的框架，虽然已经出现了一些互利合作的案例，但还没有形成气候。 所以，我们认为，有必要采取适当的举措，有计划、有步骤地推动支援方与受援方的地方合作模式逐步从对口支援型转变为平等互利型。 这种必要性体现在以下几个方面。

首先，在中央层面，需要尽快走出对口支援的"路径依赖"困境。 推行对口支援政策，原本是中央关心受援地区的体现。 然而，我国的对口支援工作却已经形成了一种路径依赖，走入了困境之中。 这种困境主要表现在两个方面：一是长期的大量的财政投入并没有收到预期的效果，有些对口支援项目既没有产生理想的经济效益，也没有实现良好的社会效益。 二是援助投入只能逐年增加却不能减少。 就像北欧国家推行高福利政策后面临的尴尬处境一样，我国中央政府和各个担负着对口支援任务的地方政府对受援方的财政投入也只能越来越多，任何削减帮扶力度的行为都可能会造成一定的后果。 按常理，随着受援地区经济社会发展水平的不断提高，援助投入应该是不断减少的。 但事实恰恰相反。 一方面，超越了当地经济水平的社会福利水平只能逐年提高；另一方面，一些已经建成的援助项目，即使效益好，也反映资金紧张，呼吁进一步加大投入。 这些困境，使得原本主动的对口支援政策陷入被动之中，并且短期内还无法得到解决。 鉴于此，我们认为，必须尽快制定新的对口支援战略，推动支援方与受援方的地方合作模式向平等互利型转变，以地方合作方式的变化来带动中央对口支援政策的转换。

其次，对于受援方来说，长期接受援助可能会损害本地区的自我发展能力。 援助可以促进欠发达地区的发展，这一点是毋庸置疑的。 不少现在的发达国家在缩小其国内区域差距的历史时期，也都采取过类似的政策措施。 但是，我们也要清楚地认识到，如果长期接受援助，特别是形成了"援助依赖"

之后，欠发达地区的自我发展能力可能进一步萎缩，这对于欠发达地区的长远发展无疑是非常不利的。对于这一点，党中央已经有所察觉。所以，在 2010 年 7 月召开的西部大开发工作会议上，中共中央、国务院有关领导特别强调，之后十年是深入推进西部大开发承前启后的关键时期，新形势下深入实施西部大开发战略，必须以增强自我发展能力为主线。所谓区域自我发展能力，是指一个区域在没有外部扶持的情况下，实现所期望的功能和某种更好结果的程度与可能性。基于自我发展主体的视角，区域自我发展能力可以分为政府自我发展能力、企业自我发展能力、家庭自我发展能力和区域创新与学习能力。当前受援方的自我发展能力普遍较弱，迫切需要完善"造血"机制。

最后，对于作为支援方的内地省市来说，一直承担对口支援任务也不现实。对口支援是中央下达的政治任务，但对于那些被列为支援方的内地省市来说，需要投入的大量人力、物力、财力等毕竟是一种额外的负担。长此以往，恐怕难以为继。

二、支援方与受援方开展互利合作的现实基础

(一)支援方的利益补偿诉求

对于那些被中央列入对口支援名单的省份而言，参与对口支援是一项光荣的政治任务。在现有的政治体制之下，如果工作做得好，能够得到中央领导的认可和赞扬的话，对于地方领导来说未尝不是一种好的晋升途径。然而，理想与现实毕竟是有差距的。由于种种客观条件和主观意愿的差异，并不是每一个单位的援助工作都能够做得非常出色，也并不是每一位干部都能够成为孔繁森那样的典型人物。对口支援，其实更多体现在那些平凡的工作和平凡的人上。受援地区独特的地理、气候、环境、历史和民族条件，决定了在有些情况下投入未必就会有收获，有"春华"也不一定就会有"秋实"。要想搞好对口支援工作，就必须放弃急功近利的想法，不能奢望一蹴而就，而是要把更多的精力投入到那些平淡的、具体的工作之中。如此一来，对口支援的激情便会逐渐转化为更加现实的想法。久而久之，在讲奉献的同时也会考虑回报的问题。另外，在全国十几个省份同时都在争取成为先进典型的情

况下，各省份很可能会在客观上竞相加大援助资金的投入，而一旦有了"大手笔"的投入，自然也就会想要得到与投入基本相当的回报。 这种回报可以是政治收益，也可以是经济收益。 但很明显，最后能够获得政治收益的只有个别省市的领导，更多的支援方只能寄希望于经济收益。 所以，在多种因素的共同作用下，支援方普遍存在一种"最好能够得到一定补偿"的心理。 事实上，有一些省市也是这么做的，比如把本省援建的工程项目承包给本省的建筑企业。 类似的行为虽然无可厚非，但毕竟在形式上不够完美。 而如果能够真正推行受援方与支援方互利合作的话，支援方的利益诉求将会得到一定程度上的满足，一些合作事项也不必遮遮掩掩了。

（二）资本逐利的本性

改革开放以来，我国经济发展迅速，各省市经济建设都取得了巨大成就，特别是那些享有政策倾斜的东部沿海地区，40 多年来积累了巨额的财富，率先实现了强省富民的目标。 伴随着这一过程，国有资本和民间资本都得到了长足的发展。 然而，逐利是资本的本性，任何一家国有企业或者民营企业都不会把钱存在银行里等待着通货膨胀来冲抵利率收益，相反，都会想方设法地用现有资本去谋求更多的资本收益。 于是，这些资本纷纷跨出省界，到全国各地去寻找商机，流向投资回报率更高的领域和地区。 此时，对口支援的任务就与本地资本增值的需求不谋而合。 尤其是最近几年，对口支援更加注重帮助受援地区引进投资项目，显然，支援方首先能够调动的自然是本省的资源。 在对口支援派出干部的积极协调下，许多本省企业到受援地区考察、投资，寻找合作机会。 而受援地区丰富的矿产、能源资源，也就成为各方资本竞相追逐的对象。 但是，在现有的体制之下，矿产、能源开发权首先是分配给央企的。 为了给本省企业创造更多的营利机会，承担援助任务的省份就必须努力与受援方协调，争取在矿产、能源的开发上让本省企业也能够"分一杯羹"。 至于那些与受援地区不存在对口支援关系的省份，其省内企业或企业家到受援地区投资恐怕就只能选择那些投资回报率略低于矿产、能源开发的领域，如餐饮业、旅游业、建材业等。 总之，本地市场的日趋饱和、受援地区丰富的资源和广阔的市场、国家特殊的优惠政策，使得支援地区无论是国有资本还是民间资本，现在都看到了无限商机，希望能够在更多的领域与受援地区开展互利合作。

(三)产业升级和转移的需要

经过数十年的高速发展，不少沿海省份进入了一个新的历史阶段。从产业经济的角度来看，当前东部沿海地区面临的首要任务是产业转型升级和产业转移。产业转型升级，意味着要从低附加值向高附加值升级，从高能耗高污染向低能耗低污染升级，从粗放型向集约型升级。要实现产业转型升级，既要大力引进新技术，提高自主创新能力，发展战略性新兴产业，就地淘汰一批技术落后的企业，也要通过产业转移的方式为新兴产业的发展腾出空间。根据生命周期理论，某一产业在某一地区的发展过程可以分为萌芽期、成长期、成熟期和衰退期 4 个阶段。进入成熟期以后，商品市场已经饱和，生产工艺已经非常成熟，投资回报率开始下降，企业盈利空间开始缩小，可能会有个别企业考虑退出或者转移到其他地区。进入衰退期之后，该地区的整个行业都会变得不景气，产品利润空间越来越小，商务成本、劳动力成本等相对上升，于是，将会有大量企业退出或者转移到其他地区。根据这一理论来判断，当前我国东部沿海地区的许多传统产业都已经进入成熟期或衰退期，特别是那些附加值低的制造业，在土地成本、劳动力成本、能源成本、原材料成本等急剧上涨的形势下，几乎已经难以为继。再加上地方政府节能减排的压力和不断提高的环境保护标准，许多劳动力密集型产业不得不转移到中西部地区去。一方面是东部沿海地区大规模产业转移，另一方面是受援地区迫切需要招商引资，于是，产业转移也就有了与对口支援工作相结合的可能性。并且，浙江、广东等省的领导也都在对口支援工作会议上明确提出要根据本省产业结构调整规划，引导本地衰退产业向受援地区转移。这无疑是一种一举多得的做法。可以预见，今后那些承担援助任务的东部沿海省份，将会进一步加大向受援地区产业转移的力度，这将有利于双方互利合作的深化。

三、从对口支援型到平等互利型的转变机制

前面我们已经论述了支援方与受援方的地方合作从对口支援型转向平等

互利型的必要性和可能性,但是,这种转变究竟如何才能实现呢? 又会以什么样的方式实现呢? 这也是我们要探讨的重要问题。

(一)平等互利型地方合作产生的3种基本情况

一般来说,平等互利型地方合作的产生主要有3种情况:一是先由中央提出,再由地方落实,即中央鼓励型;二是表现为一种地方治理创新,完全由地方政府自发创造,即地方自发型;三是官方没有相关举措,主要由民间交往及企业间的经济合作所带动,即民间促动型。

1.中央鼓励型

所谓中央鼓励型合作,是指在中央的授意、引导和政策支持下出现的各相关地区按照平等互利原则开展的经济、技术等方面的合作。 这种合作以客观经济规律或国家发展战略需要为基础,中央通常不指定合作主体,只提供方向上的指导,参与合作的各方可根据中央政策导向决定自己的行为。 从目的来看,中央鼓励地方之间开展互利合作主要是为了实现"强强联合",以及全国市场、经济的一体化。 这种合作是比较少见的。

2.地方自发型

地方自发的平等互利型合作,一般是在经济区域化发展的趋势下,两个或多个地方政府为了更好地促进本地经济发展而实行的横向联合策略。 国家对这种合作行为通常没有专门予以规定,因此,大部分情况下都表现为地方治理创新。 也就是说,这是一种在不触及中央权威的前提下,在不违背现有法律制度的情况下,地方之间根据共同需要而采取的自发合作行为。 这种合作以平等自愿、互利互惠为原则,以互通有无、优势互补为基础,以共同利益为纽带,以地方政府间自主签订的合作协议或地方领导的承诺为保证。 从我国的经济社会发展实践来看,地方自发的平等互利型合作主要产生于20世纪90年代之后,反映的是我国区域经济一体化对地方政府间关系调整的诉求。

3.民间促动型

与前面2种合作不同,由民间促动的平等互利型地方合作,体现的是市场的力量。 所谓民间促动,是一种通俗的说法,实际上指的是由不同地区的人口流动、社会交往、企业投资以及其他各种非官方的经济交流活动所引致的地区间的互利合作现象。这种地方合作以经济规律为基础，以法律法规为保障，以参与者的利益最大化为目的，以资本、劳动力等生产要素的跨地区流动为表现形式，没有太多的政府干预的痕迹，主要反映的是社会各界的交往需要和资源配置的效率要求。由于没有政府的参与，这种地方合作所涉及的主体又非常广泛，因此各种行业协会、商会等社会组织在其中发挥着重要的作用。纵观我国的历史可以发现，不同地区间的经济往来古已有之，但严格来讲，真正形成规模并能够带动平等互利型地方合作模式形成的，也只是在我国实行改革开放、全国市场一体化之后。

（二）对口支援转型的可能路径

上述 3 种平等互利型地方合作产生的情况只是理论上的概括，而现实往往是比较复杂的，通常难以套用单一的模式。特别是就支援方与受援方的地方合作而言，由于受到多方因素的影响，情况就更加复杂了。

根据实地调研所获得的各种信息，我们尝试着提出一个对口支援转型的过程模型（见图 4-7），用于探讨受援方与支援方互利合作的产生及发展过程。我们认为，受援方与支援方的地方合作要从对口支援型转变为平等互利型，大致需要经历 3 个阶段。

第一阶段：自然生成，初步发展，学习模仿。从受援方与支援方的合作历程中可以发现，最初的互利合作主要有 2 种：一种是民间的交流合作，体现为支援方企业、商人到受援方处去投资以及支援方普通民众到受援方处谋生；另一种是地方政府推动的互利合作，体现为那些承担援助任务的省市设法让本地企业承担部分受援方的项目工程或者介入受援方的资源开发。这 2 种形式虽然看似不同，但在本质上都属于互利合作的范畴，并且都带有明显的"自发"特征。民间的经济往来自是无须多言，其实就连由地方政府推动的这种合作本身也无可厚非，因为它虽然有失公平，却能够激发支援方的积极性，同时也在客观上加快了资金、人才、技术等在受援地区的聚集。对于民间经济往来，不管是有援助任务的地方政府还是没有援助任务的地方政府，肯定都会予以鼓励和支持。同时，这种民间经济往来也会产生强大的示范带动效应，

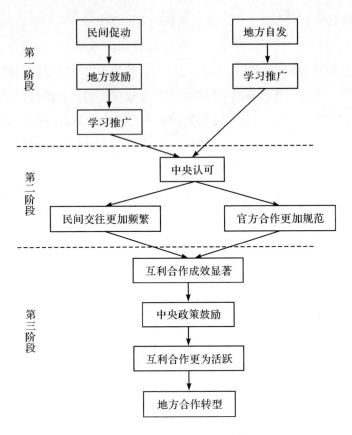

图 4-7　对口支援转型的过程模型

从而引致更多的民间交往。 这种由地方政府推动的互利合作，自然也会被不少地方政府认为是一种创新，只要有"先行者"，就必然会有众多的"追随者"。 所以，互利合作一旦出现，不管是何种形式，都会在学习效应的作用下，迅速推广开来。 再从中央的态度来看，由于早期受援地区经济基础薄弱，中央根本不可能倡导受援方与支援方开展互利合作。 而在民间促动型互利合作以及地方自发型互利合作出现之后，由于信息不对称和信息传播的时滞，中央又不可能在第一时间察觉，即便有所察觉，只要无碍大局，往往也会采取先观察的态度。 因此，总的来说，这一阶段受援方与支援方的互利合作主要处于一种自然演进的状态，中央没有介入。

第二阶段：得到中央默许或认可，互利合作现象继续增多。 随着受援方与支援方经济社会合作的日益增加，合作领域逐渐拓宽，合作形式越来越多样

化,合作主体越来越多元化,平等互利型地方合作也会进入一个巩固提高的新
时期。 此时,这种与对口支援性质不符的现象也将引起中央高层的重视。 鉴
于平等互利型地方合作并没有导致不良社会影响,并且与原来的对口支援相
比还具有不少优点,中央会考虑将其纳入治国方略之中。 事实上也确实如
此。 以援藏为例,在 2010 年 1 月 18 日至 20 日召开的第五次西藏工作座谈会
上,提出了关于推进西藏跨越式发展的"七个更加注重",其中第六条便是
"更加注重扩大同内地的交流合作"①。 尽管没有明确提出互利合作,但这
表明中央已经开始重视促进西藏与内地的交流合作了。 这与之前纯粹的单向
援助政策相比,显然是一种进步。 到了 2011 年 7 月 20 日,习近平在由中央
组织部、中央统战部、国家发展改革委和西藏自治区共同召开的对口支援西藏
工作座谈会上提出了"五个始终",其中第三条就是要"始终坚持国家支持与
提高自我发展能力相结合,坚持对口帮扶与互利合作相促进,积极挖掘合作潜
力,拓展合作领域,提升合作水平,努力实现互利共赢、共同发展"②。 这是
"互利合作""互利共赢""共同发展"这样的词语首次出现在中央高层领导
关于西藏发展问题的讲话中。 显然,这意味着中央已经认可了西藏与内地的
互利合作,并且将"互利合作"提高到了与"对口帮扶"同等重要的地位。
由于得到了高层领导的认可,西藏与内地的互利合作如雨后春笋般呈现出蓬
勃发展的态势,民间交往更加频繁,官方合作更加规范,合作水平不断提升,
合作成效也越来越喜人。

　　第三阶段:得到中央政策支持,互利合作成为主流,地方合作转型实现。
在我国现行的政治体制之下,要想顺利推行一项战略,绝对离不开中央的政策
支持。 对口支援的转型同样如此。 从民间促动、地方自发到中央默许和中央
认可,无疑是一种跨越,但这还远远不够。 对口支援的转型,有赖于中央发
挥更大的作用。 我们认为,中央在推动受援方与支援方的地方合作从对口支
援型转变为平等互利型的过程中,至少需要发挥 3 个方面的作用:一是鼓励有

---

　　①　《中共中央 国务院召开第五次西藏工作座谈会》,http://news. xinhuanet. com/
politics/2010-01/22/content_12858927_1. htm,2010 年 1 月 22 日。

　　②　徐京跃、霍小光、崔静:《对口支援西藏工作座谈会召开》,《中国青年报》2011 年 7 月
21 日,第 6 版。

益的互利合作，充分挖掘地方合作的积极效应；二是规范地方政府间关系，遏制地方合作中的不良倾向；三是提供政策支持，为地方之间的互利合作创造良好的运行环境。所以，下一个推动转型的关键，就在于中央层面的政策支持和规范调整。那么，这种期待究竟能否成为现实呢？我们认为，只要时机成熟，中央是完全可以出台一些促进受援方与支援方开展互利合作的举措的。而一旦这些举措以中央精神的形式出现，双方的互利合作无疑将会迎来一个新的春天：原本就开展得较好的互利合作将会发展得更加完善，部分已经疲软的合作也会因为政策刺激而重获生机，当然，最明显的结果将会是支援方企业纷纷到受援方处寻求合作机会。于是，双方的经贸往来将会更加密切，经济社会一体化程度将会进一步提高。届时，对口支援的实际功能将会逐步萎缩，地方之间的互利合作将逐渐取代对口支援而成为主流。至此，对口支援转型才算基本成功。

另外，从对口支援型与平等互利型这2种合作形式的相对比例来看，对口支援转型的过程也是两者比例不断变化的过程（见图4-8）。不妨假设受援方与支援方的合作只有对口支援型与平等互利型2种形式，那么，整体而言，在转型的过程中，对口支援型合作是趋于减少的（图4-8中A曲线），平等互利型合作则是趋于增加的（图4-8中B曲线），最终，对口支援型合作将会彻底消失，而平等互利型合作则会成为最主要的合作形式。具体来讲，在对口支援转型的第一阶段，双方的合作形式仍然以对口支援型为主，平等互利型合作则是从无到有、从少到多不断增加；到了第二阶段，对口支援型合作进一步减少，平等互利型合作又进一步增加；在第三阶段，对口支援型合作将急剧减少直至消失，而平等互利型合作则会迅速发展成为主流。当然，这只是从理论上进行的一种预测，现实走向可能会更为复杂。

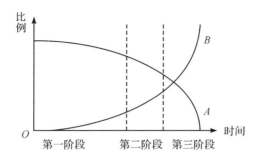

图 4-8　对口支援转型过程中 2 种合作形式相对比例变化趋势示意图

　　综合历史和现状来看，我们认为，我国的对口支援转型已经走过了第一个阶段，即民间交往和地方自发的互利合作已经得到了孕育和发展，这个过程至少经历了一二十年的时间。而现在，对口支援转型已经进入了第二个阶段，即中央对支援方与受援方的互利合作已经给予了认可。就目前的合作进展情况而言，第二个阶段可能还要持续一段时间，让互利合作在受援地区进一步发展，不断扩大影响。但我们也应该认识到，互利合作这种形式的自然扩散必然是比较缓慢的，受援地区要实现跨越式发展和长治久安就不能一味地坐等时机的到来，而是应该主动出击，积极介入。所以，今后的工作重点应该是在继续促进受援方与支援方扩大互利合作的同时，建议、催促中央尽快出台鼓励双方开展互利合作的相关政策。

5

第五章　体制与制度视角下的府际合作

第一节　"以党委一体化促区域一体化"模式

随着我国社会经济的迅速发展，区域一体化的趋势日益明显。 许多经济基础较好的地区都把行政一体化（如行政区划调整和政府合并）当作区域一体化的引擎，并取得了显著的成效。 但是，这种以行政一体化促进区域一体化的模式在民族地区却未必适用。 为了走出困境，新疆的乌昌地区（乌鲁木齐市和昌吉回族自治州）、吉林省延边朝鲜族自治州内的延龙图地区（延吉市、龙井市和图们市）试图用党委一体化来促进区域一体化，也取得了不错的效果。

一、"以党委一体化促区域一体化"出现的背景与原因

作为一种制度创新，党委一体化现象出现在民族地区不是偶然的，而是由民族地区特殊的经济社会背景所决定的。

（一）民族地区经济发展提出一体化要求

当前，我国广泛存在着"行政区经济"现象，行政界线已经成为区域经济发展的桎梏，地方保护主义、政策壁垒影响了社会经济的健康发展。 一体化

是发展民族地区经济的内在要求。 例如，乌鲁木齐市作为新疆的首府，具有
较强的经济实力，人才优势、资金优势和技术优势明显。 但是受自然条件制
约，其缺乏经济腹地，水资源和土地资源匮乏，人口、环境、交通等城市问题
突出。 而昌吉回族自治州面积广阔、资源丰富，州府所在地昌吉市距离乌鲁
木齐市中心只有 35 千米。 由于行政区划的限制，昌吉回族自治州难以承接乌
鲁木齐市的产业转移，无法有效接受经济辐射。 因此，乌昌一体化成为两地
共同的迫切需求。 这是一种由于双方经济发展需要而产生的一体化要求，即
"发展需要联合"。

另一种情况是"需要联合发展"，也就是希望通过一体化来带动经济发
展。 例如，延龙图地区处在中国图们江区域的地理核心地带，是长吉图开发
开放先导区规划和图们江区域经济合作开发的重要战略节点，是延边区域经
济发展的核心地区。 但是，该地区作为延边重要的交通枢纽和政治、经济、
文化中心，却缺少一个区域中心城市。 截至 2007 年，延龙图地区总人口才
80.9 万人，财政收支差额占财政支出的 54.33%，经济发展所需的大部分资金
来自上级政府的投入。① 因此，延龙图地区亟须组建延吉、龙井、图们三市
经济联合体，打造以延吉市为核心的区域中心城市，并以此来辐射和带动周边
地区的发展。

(二)民族地区一体化面临阻力

推进民族地区一体化进程的阻力较大，不仅要面对与非民族地区一体化
相同的阻力，还要受到民族政治因素的影响。

第一，认识上存在误区。 有人根据国内行政区划调整的一般经验，认为
行政一体化是经济一体化的必然前提，只有先推行行政一体化，才能保证经济
一体化。 如果行政一体化无法推行，就只能放弃区域一体化的构想。 也有人
认为，区域一体化未必能够促进区域内各城市共同发展，如果不能保证"机会
均等、利益均分、资源共享、生活同质"，一体化就会产生"马太效应"，那

---

① 朴银哲、金兆怀:《欠发达民族地区经济一体化中的制度创新研究——以延龙图为
例》,《东疆学刊》2010 年第 1 期,第 100—107 页。

么也就不应该推行一体化。

第二，既得利益者反对。 在原有的体制下，必然存在着一些利益群体，他们是旧体制的受益者，并且通常都拥有一定的政治资源和经济实力。 区域一体化的推进，必然要精简和重组部分政府机构，相关人员的分流和调整在所难免。 于是，那些依附在政治和行政体系上的直接和间接利益相关者也将因此而遭受损失。 为了维护既得利益，这部分人可能会反对区域一体化。

第三，民族地区的区域一体化关系到民族自治权和民族地区的社会稳定。我国的民族分布具有"大杂居、小聚居"的特点，各自治区、自治州（盟）、自治县（旗）均享有《中华人民共和国民族区域自治法》所赋予的权利和国家制定的相关优惠政策。 在区域内居民属于同一民族的情况下，推行区域一体化的难度可能不大。 但是，如果区域内存在不同民族，实施区域一体化可能就会导致一些地区丧失民族自治权利，甚至可能引发社会不稳定。

（三）推进一体化需要权威的区域协调组织

区域一体化是大势所趋。 尽管在民族地区推进区域一体化尚有一定难度，但是，民族地区经济发展的步伐却不可能停滞不前。 民族地区的特殊情况决定了在其他地区普遍适用的"联席会议""协调小组"之类的区域协调组织不一定能够奏效。 一体化的顺利推进有赖于建立更加权威、统筹协调能力更强的组织。 鉴于中国共产党在社会和经济发展中的领导核心地位，跨区域设立党组织就成为解决民族地区区域一体化难题的突破口。 也正是因为认识到了这一点，乌昌地区和延龙图地区都采取了成立联合党委作为协调组织的办法。

以党委一体化促进区域一体化比建立联席会议式的地方政府合作机制更有优势。 联合党委是目前最权威、最高效、组织最严密的区域协调组织，实现了区域规划和决策的高度统一，打破了区域内固有的利益格局，绕开了行政壁垒和法律限制，可以有效地统筹、协调和监督区域内各部门的工作，为区域一体化提供可靠的政治保证和强劲的发展动力。 在民族地区设立联合党委的实践证明，只有与时俱进、不断创新，才能更好地发挥党在各项事业中的领导核心作用。 正如刘少奇同志在《论党》中所指出的那样：党的组织形式与工作方法，是依据党所处的内外环境和党的政治任务来决定的，必须具有一定限度的灵活性。如果环境变更，工作条件改变，党提出了新的政治任务，那么，党的组织形式与工作方法，也必须有所改变；否则，旧的组织形式与工作方法，就要障碍我们党的工作内容的发展与政治任务的执行。[①]

二、"以党委一体化促区域一体化"的实践与成效

根据乌昌地区和延龙图地区的实践，这种"以党委一体化促区域一体化"的模式可以概括为"三步走"战略：党委一体化—行政一体化—区域一体化。即先用党委一体化来促成行政一体化，等到时机基本成熟时再渐进地推进区域一体化。

第一步，建立健全联合党委领导体制。2004年12月，新疆维吾尔自治区乌昌党委成立；2008年3月，吉林省延边朝鲜族自治州延龙图党委成立。这两个联合党委，均不涉及行政区划的调整。其性质是作为上级党委的派出机构，在上级党委的直接领导下开展工作。联合党委没有专职人员，其成员由原组成单位的党委成员担任。唯一不同的是，乌昌党委的书记由乌鲁木齐市委书记担任，而延龙图党委书记则由延边州委常委担任。联合党委下设一个秘书处和几个工作组，拥有下一级党政一把手的人事任免权，并建立了干部交流任职制度。

第二步，合并相关职能机构。按照"财政统一、规划统一、市场统一"的原则，联合党委把财政统一作为一体化的重要突破口。财政统一就是利益统一。2005年10月，乌昌财政局挂牌成立，将两地财政统一预算、统筹安排，实现一致的财政政策和标准，从而迈出了区域一体化进程中非常关键的一步。随后，乌昌地区在总结合并财政局、建立统一国库的成功经验的基础上，又相继合并了发展改革委、招商局、规划局和旅游局这几个政府部门。而在米东新区（由昌吉回族自治州原米泉市和乌鲁木齐市原东山区组成），则合并了除人大、政协和公检法之外的所有党政部门。

---

① 乔中明：《区域一体化的乌昌模式及启示》，《中国党政干部论坛》2009年第8期，第52—53页。

第三步，破除政策壁垒，渐进推进区域一体化。 这也是乌昌地区和延龙图地区的共同做法。 对于空间距离接近的地区，采取直接组合的方式，如乌昌地区合并成立"米东新区"和"昌河新区"，延龙图地区着力建设延吉—朝阳川主城区；对于空间距离较远的地区，采取取消收费站、统一电价、融合广播电视网等措施大力推行交通一体化、金融一体化、信息一体化。 延龙图党委更是在发展规划里提出，要通过"产业同筹、交通同网、信息共享、市场同体、旅游同线、环境同治、科教同兴"，让群众真正享受到一体化带来的好处。 两地区一系列惠民政策的实施，逐渐让一体化成为社会的普遍共识。

这是一种"以时间换空间，以发展换支持"的政治策略。 自联合党委成立以来，乌昌地区和延龙图地区的经济发展水平都有了明显提高。 在乌昌地区，2009 年，乌鲁木齐市第一产业实现增加值 16 亿元，增长 6.0%；第二产业实现增加值 452 亿元，增长 11.5%；第三产业实现增加值 627 亿元，增长8.2%。 昌吉回族自治州全年实现地区生产总值约 450 亿元，增长 16.5%；地方财政一般预算收入 23.4 亿元，增长 22.5%；州属工业增加值约 103.8 亿元，增长 36.2%。[1] 在延龙图地区，2009 年，地区生产总值、全口径财政收入、固定资产投资总额、社会消费品零售额分别达到 213 亿元、41.7 亿元、221 亿元和 124.5 亿元，同比分别增长 17.8%、13.6%、33.9%和 20.9%；进出口总额占全州的 45%，区域在籍人口达到 81.2 万人。[2]

三、"以党委一体化促区域一体化"存在的问题

成立联合党委，是为了避开行政区划调整而采取的变通之计。 随着民族地区一体化程度的不断提高，这种"以党委一体化促区域一体化"的模式也逐渐暴露出一些问题。

---

① 樊晓林:《乌昌一体化是区域经济发展的客观要求》,《经济日报》2010 年 3 月 2 日,第 11 版。

② 张伟国:《勾画边疆新蓝图——延边州全面推进延龙图一体化进程综述》,《吉林日报》2010 年 6 月 23 日,第 6 版。

(一)不利于党政关系规范化

毋庸置疑,"党委一体化"是一种颇有启发意义的制度创新,较为有效地解决了跨行政区域的利益协调问题。 借助党的系统来打破行政区划的阻隔,在党委的统一领导下统筹调节各种资源,可以使市场要素突破行政限制,加速区域经济融合和行政一体化。 这一举措充满了政治智慧。 但同时,联合党委的成立也打破了一级党委对应一级政府的惯例。 通常认为,行政管理体制处于政治体制和经济体制的结合部,行政管理体制改革是政治体制改革的先导。但是,设立联合党委的做法却似乎有悖于政治体制改革的大方向。

(二)缺乏相关的法律基础

《中华人民共和国预算法》第三条规定:"国家实行一级政府一级预算,设立中央,省、自治区、直辖市,设区的市、自治州,县、自治县、不设区的市、市辖区,乡、民族乡、镇五级预算。"但是,乌昌地区和延龙图地区的一体化分别是由乌昌党委和延龙图党委推动的,从而造成了"有统一的预算,却没有统一的政府"这种奇怪的现象。 另外,《中华人民共和国预算法》第四十三条规定:"地方各级预算由本级人民代表大会审查和批准。"但乌昌地区的预算报告却是由乌鲁木齐市和昌吉回族自治州分别召开人民代表大会审议通过的,这种做法尽管相对合理,却没有法律依据。

(三)行政辖区的限制依然存在

联合党委的成立有效地解决了高层的协调问题,但也使乌昌两地基层关系难以理顺。 乌昌两地基层干部在日常工作中受到体制、工作机制甚至工作程序上的限制,难以实现真正全面的合作与协调。 决策机构与职能部门分割会导致机构规模膨胀、人员冗余、职责分工不清、部门职责冲突等弊端,出现行政管理成本上升和行政效率降低等现象。

(四)没有妥善解决民族问题

成立乌昌党委前,新疆维吾尔自治区党委和政府曾多次给国务院有关部门打报告要求合并乌鲁木齐市和昌吉回族自治州，但由于涉及民族问题，国务院有关部门始终没有批准。 昌吉回族自治州是全国仅有的两个回族自治州之一，这一点决定了随着乌昌一体化的深入，如何保证乌昌地区回族人民的民族自治权仍然是一个无法回避的问题。 延龙图地区同样如此，如果延吉日后成为中心城市，势必要升格为地级市，延吉地区朝鲜族人民的民族自治权也将难以得到保证。 而且，在一体化初期，很难保证该地区各民族都能完全同等地享有一体化带来的好处。 这样，不仅该地区内的部分少数民族居民会产生"相对剥夺"感，国内其他地方的同族也会认为本民族在客观上被削弱了。这又将进一步影响民族关系和民族地区的社会稳定。

四、完善"以党委一体化促区域一体化"的建议

可以从以下几个方面着手来继续推进民族地区的区域一体化进程。

(一)变政府主导型区域一体化为市场推动型

在我国，政府是区域一体化的主要推动力量。 这种情况必须加以改变，尤其是在民族地区。 对比乌昌一体化和延龙图一体化的发起者，可以发现，成立乌昌党委是新疆维吾尔自治区党委和政府的决议，而延龙图党委的出现则是延边州委、州政府积极推动的结果。 虽然两者的发起者在行政级别上有所不同，但都是政府主导的。 政府主导型区域一体化的高效率是有目共睹的，但其也有负面影响。 对民族地区来说，为追求经济增长而造成的损失可能是无法弥补的，因为这不仅会浪费大量资源、滋生许多社会问题，而且可能导致少数民族的国家认同感降低。

所以，在民族地区推进一体化必须以区域内密切的经济联系为基础。 从乌昌地区和延龙图地区的一体化背景中可以看出，乌昌地区的经济关联度和产业互补性要远大于延龙图地区。 即便如此，乌昌地区的一体化进程依然面临着许多困难，延龙图地区就更不用说了。 可见，行政撮合的作用毕竟有限，如果没有足够的经济基础，一体化的成效必然要大打折扣。 只有尽快破除区域内的政策壁垒，形成统一的市场，以经济一体化带动社会一体化，民族地区的一体化才能顺利推进。

(二)变二元行政层级体系为一元行政层级体系

在目前的行政体制下，由于没有自治市，自治县如果要升格为地级市就不得不放弃自治权。如辽宁省凤城满族自治县改为了凤城市，海南省东方黎族自治县改为了东方市，广西壮族自治区的防城各族自治县改为了防城港市，等等。这种二元的行政层级体系显然不利于民族地区的区域一体化发展。因此，可以创新市制，设立自治市，让自治市对应于设区的地级市。这样，既能保证少数民族地区继续享有民族自治权，又能以自治市为区域中心来带动周边地区的经济发展。

(三)以合并职能部门为契机建设"小政府"

随着一体化的不断深入，昌吉回族自治州可能以各种拆分组合的形式并入乌鲁木齐市，龙井市和图们市也可能最终会成为延吉市的两个区。因此，从某种意义上来说，联合党委具有过渡性质。但是，从乌昌地区和延龙图地区的实践来看，这种特殊的区域一体化过程却蕴含着行政管理体制改革和政治体制改革的深意。乌昌地区相继合并了财政局、发展改革委、招商局、规划局和旅游局，这种分步骤合并职能部门的做法从一个新的角度证明了实现"小政府、大社会"的可能性。也许当初成立联合党委只是一种无奈之举，以党委一体化促进区域一体化也只是一种变通之计，但不管是有意还是无意，如果能够以此为契机建设一个精简而有效的政府，那么，乌昌一体化的政治价值将得到进一步提升。

(四)以区域一体化为契机促进民族融合

民族地区的一体化是挑战，也是机遇。在一体化初期，一般很难保证该地区所有居民都从一体化中受益。因此，要特别注意在不同地方之间、不同民族之间建立合理的利益分享机制，避免贫富分化和机会不均等现象的出现，并且要以此为契机，建立促进民族融合的长效机制。应该看到，民族地区一体化的过程是各民族共同发展、共同繁荣的过程，也是民族融合的过程。许多民族问题都可以在共同发展中迎刃而解。因此，要在尊重少数民族文化和风俗习惯的基础上，在一体化的进程中着力改善民族关系、促进民族融合。
这样，不仅能够巩固一体化的成果，对国家的长治久安也具有深远意义。

第二节　地方合作对政府间关系的影响

地方政府间关系是指各级各类地方政府之间的公共组织关系和政策网络
体系。[①] 根据不同的标准，地方政府间关系有多种分类，如纵向关系、横向
关系与斜向关系，冲突关系、竞争关系与合作关系等。[②] 地方合作是指没有
领导与被领导关系的地方政府之间的合作，主要有两种情况：一是同级地方政
府之间的合作，包括省级政府之间的合作、地级政府之间的合作、县级政府之
间的合作等；二是不同级但又没有隶属关系的地方政府之间的合作，如某地级
市与该市辖区之外的某县的合作。

地方合作是政府间关系的一个重要发展趋向。根据行政生态学的基本原
理，可以认为：地方合作，是区域内各个地方政府在原有的地方政府间关系框
架下，为了实现特定的目的而进行的合作活动，其本质是既定体制下公共权力
机构的集体行动。也就是说，地方合作产生于一定的政府间关系之中，受原
有的地方政府间关系限制，同时，地方合作对地方政府间关系具有能动的反作
用，可能会导致地方政府间关系发生某种程度的调整和改变。那么，应该如
何看待地方政府的合作行为，地方合作对地方政府间关系的调整究竟有何影
响，进而对区域政治发展又具有怎样的意义呢？

一、地方合作的发展状况

在计划经济时期，地方政府之间的合作主要是对口支援。这一合作形式
一直延续至今。对口支援，是在中央政府的诱导下开展的地方政府合作，不

---

① 杨宏山：《府际关系论》，中国社会科学出版社 2005 年版，第 18 页。

② Feiock，R. C. *Metropolitan Governance：Conflict，Competition，and Cooperation*.
Washington，D. C.：Georgetown University Press，2004，p. 1-3.

只是财政资源的横向转移和资金投入，还包括人才、技术等方面的支援，其目的在于让发达地区支持欠发达地区的发展，进而促进区域协调发展。 对口支援大体有两种情况：一是常态的对口支援；二是突发危机事件后的对口支援。前者主要是在发达省份和西部少数民族地区之间，后者则是一种临时性制度安排，如汶川地震后国务院做出的"一省帮一重灾县"的安排。 这种地方合作不能完全以经济理性来衡量。 但是，由于支援成效纳入对地方政府的政绩评价体系，支援方的地方官员可以在政治上获益，因此，地方政府对对口支援的维持也具有一定的动力。

改革开放以后，伴随着计划经济体制向市场经济体制转型，中央政府采取了一系列措施来促进区域经济的发展。 在中共中央、国务院和有关部委各种文件的指引下，到 20 世纪 80 年代末，全国已经形成不同规模、不同层次、不同内容的区域经济合作组织 100 多个。① 但是，由于这些合作组织基本上不是自发形成的，再加上当时分权化改革和财政体制改革的影响，中央政府的调控能力大为减弱，地方利益凸显，因此，这一时期的地方合作最终以失败告终。 取而代之的，则是愈演愈烈的地方竞争。

21 世纪以来，我国的政治生态发生了明显的变化。 一方面，经济的区域化发展带来了区域一体化趋势；另一方面，大量公共事务和公共问题越来越呈现出"脱域"特征。 在新的形势下，如何进行回应性变革、提高政府能力和治理绩效成为地方政府面临的共同问题。 为了克服区域治理碎片化的缺陷，许多地方政府不约而同地选择了加强彼此之间的合作。 尤其是自 2004 年以来，地方合作开始成为一种潮流。 从空间分布来看，东部、中部和西部都有，其中东部地区最多；从行政疆域来看，既有省内的，也有跨省的，还有跨国的；从行政级别来看，既有同级的横向合作，也有不同级的斜向合作，还有多边多极的交叉合作；从合作领域来看，既有专业性的，也有综合性的；从合作目的来看，既有问题导向型的，也有项目导向型的；等等。

经过多年的发展，这些自发的地方合作组织在各个方面都取得了较大进展。 从政治学和行政管理学的角度看，其成效主要有三个方面。

---

① 张可云：《中国区域经济合作发展研究》，《江汉论坛》1995 年第 1 期，第 20—24 页。

第一，形成了一套较为成熟的行政协调机制。地方合作的各参与方往往是在友好协商的基础上通过行政协调来加强交流与合作的，其表现形式为定期或不定期的联席会议，主要目的在于增加地方政府首脑之间的对话机会，减少区域性公共问题所引发的争端。行政协调以增进各方利益为出发点，不涉及行政管辖权的变化，因此，比较容易达成。我国的地方合作已经形成了三个不同层次的行政协调机制：第一个层次为省（区、市）长级或副省（区、市）长级的座谈会，各地方高级别的党政领导在座谈会上就区域性公共事务和合作事项展开讨论、交换意见，以凝聚区域合作共识，如"泛珠三角区域合作行政首长联席会议""沪苏浙经济合作与发展座谈会"；第二个层次为市长级的协调会，一般在第一层次的会议之后召开，其主要作用是及时有效地落实省级层面的有关议题，就共同合作的具体事项拟定规划与实际执行办法，属于综合性的业务会议，如"长江三角洲城市经济协调会"；第三个层次为各城市政府部门之间的协调会，即围绕交通、环保、治安等区域合作专题项目举行的座谈会，其工作议题较为具体，目的在于通过横向联系强化合作规划的执行效果。

第二，建立了制度化的契约治理模式。契约治理，也有学者称为契约行政，是指区域内两个或多个地方政府遵照平等自愿、协作互利的原则，经过协商而签订行政协议，并依照行政协议的规定共同处理区域公共事务的合作方式。换句话说，契约治理就是基于政府间契约的共同治理。与行政协调相比，契约治理的整合力度大为提高。签订行政协议，可以明确各地方政府的共同责任和区别责任，划清各种公共事务的调控管理权限，特别是以各方认可的利益分配方案为保障，可以较好地解决区域性公共问题，走出集体行动的困境。根据区域性公共物品供给方式的不同，我国现有的契约治理可以分为两种模式：第一种是在遵守属地管理原则的基础上，由各方共同承担区域治理的责任，如杭州、湖州、嘉兴、绍兴四地共同开展的边界环境污染联合执法检查，上海、浙江、江苏、安徽等地联手治理太湖；第二种则突破了属地管理原则，某一地方政府根据协议向异地公民提供公共服务，如广州、珠海两市的公民异地就医可互刷医保卡，东北三省中任何一个省的行政立法基本上不经改动就可以通行三省，对行政处罚有异议的公民可在东北三省范围内进行异地投诉。

第三，对政府间职能整合也进行了大胆的探索。职能整合，就是根据区域发展的需要，把同一区域内两个或多个地方政府的某些职能部门合并为一个部门。这是区域发展到特定阶段才会出现的一种新模式。通过职能整合，可以有效地降低交易成本，实现区域内诸多方面的统一，有力地促进区域经济协调发展。这种职能整合不同于政府合并，因为它只是对有必要整合的机构进行整合，并非针对所有部门。最重要的是，职能整合并不涉及行政区划的变动。同时，它只是区域范围内的调整，并不触及整个"条条"关系的变动。新疆维吾尔自治区的乌鲁木齐市和昌吉回族自治州之间的关系就属于这种类型。2004年12月，两地在不涉及行政区划调整的前提下成立了乌昌党委，随后，又成立了乌昌财政局、乌昌发展改革委、乌昌招商局、乌昌规划局和乌昌旅游局。经过整合，乌昌地区实现了"市场统一、财政统一、规划统一"，有力地促进了乌昌地区的经济社会发展。

二、地方合作对政府间关系的拓展

蓬勃发展的地方合作实践，正在逐渐改变着我国原有的地方政府间关系。政府间关系实际上是一个集合概念，包括了各级各类政府之间各种各样的关系，因此，地方合作对其所产生的影响也是方方面面的。谢庆奎教授认为，政府间关系的本质是权力配置关系和利益分配关系。① 笔者赞同这种观点，因为它提纲挈领地指出了政府间关系的真谛。但是，就本书所要阐述的主题而言，如果把地方合作对政府间关系的影响简单概括为对权力关系的影响和对利益关系的影响是不够的。所以，在分别探讨这两个方面的影响之后，还应该有一个总体上的把握。

(一)地方合作对政府间权力关系的影响

权力关系是地方政府之间的基本关系。甚至可以认为，整个政治体系就是通过权力在纵向、横向上的划分和配置而形成的。地方合作对政府间权力

① 谢庆奎：《中国政府的府际关系研究》，《北京大学学报》（哲学社会科学版）2000年第1期，第26—34页。

关系的影响主要表现为：

第一，地方合作中行政管辖权的让渡和转移丰富了地方政府的权力来源。我国地方政府的权力来源主要有四个：一是全国人大及其常委会和地方各级人大及其常委会的立法授权；二是中央人民政府或上级政府根据全国人大及其常委会的立法和有关决定进行的府内层级间授权；三是地方民众的直接授权；四是地方政府自身的创设。① 在地方合作的实践中，又出现了行政管辖权的让渡和转移等新情况。

行政管辖权让渡，是指参与合作的各地方政府或地方政府部门将一种或几种权力，或者权力运行的某一环节交由某一区域性管理机构行使，从而形成一种或几种区域管辖权。② 这种区域管辖权是由地方政府之间的行政协议产生的。 一旦协议达成或者相应的机构成立，就形成了一种超出地方权力空间界限的新的共同权力。 这种权力一般由区域合作中的协调机构来行使，如各种协调委员会，各地方权力要服从于这种区域性权力。

行政管辖权转移，是指在地方政府合作中，互不具有行政隶属关系的地方政府为了追求更好的区域治理绩效而突破了属地管理原则，在自愿的基础上对合作各方的部分权力进行移交或转让。 例如，为了减少上游经济活动对下游造成的污染和破坏，下游的地方政府专门在自己的辖区内为上游的地方政府划出一块地域供上游建设工业园区。 这种异地开发模式就是一种典型的行政管辖权转移。

行政管辖权让渡与行政管辖权转移的区别在于，前者基于契约创设了一种更高层次的行政权力，后者只是行政权力在区域内不同地方政府间的横向转移。 但是，不论是自下而上的让渡还是平行的转移，都已经超出了我国地方政府几种固有的权力来源，从而也在一定程度上改变了区域内地方政府间的权力关系。

第二，地方合作强化了省级政府的协调权力。 我国地方政府间关系主要

---

① 沈荣华：《中国地方政府学》，社会科学文献出版社 2006 年版，第 53 页。

② 杨龙、彭彦强：《理解中国地方政府合作——行政管辖权让渡的视角》，《政治学研究》2009 年第 4 期，第 61—66 页。

有三种类型：一是省级政府之间的关系；二是省内相同行政等级或不同行政等级地方政府之间的关系；三是跨省的相同行政等级或不同行政等级地方政府之间的关系。显然，省级政府间关系是中国地方政府间关系的核心和中轴。[①] 地方合作的开展，自然也无法绕开省级政府。在省级政府合作中，一般由省级行政首长出面协商，如泛珠三角区域的合作。在跨省的非省级政府合作中，某一省下辖的各级政府与其他省下辖的各级政府之间的协调，也要经过省级政府同意或批准，如黄河金三角区域的合作。至于省内的地方合作，省级政府的协调作用就更加明显了。省内合作组织的出现一般有两种情况：一是由省委、省政府倡导；二是省内部分县级政府自发。在第一种情况下，省级政府无疑是地方政府合作的规划者、领导者和协调者，所有被"圈"进经济区的地方政府都必须服从省里的统一安排，把搞好地方合作当作一项政治任务来完成。对于第二种情况，县级政府会努力争取获得省委、省政府的认可和支持，而省级政府则会根据本省的发展战略予以协调。我国现有的大部分合作组织都是省内的，省级政府为推进地方合作出台了很多措施，如广东省于 2009 年末专门制定了针对各地方政府推动小珠三角一体化工作的绩效考核体系。

（二）地方合作对政府间利益关系的影响

所谓地方利益，其实是一个利益的综合体，并且它既是地方经济利益、政治利益、文化利益等的综合体，也是地方群众利益、政府组织利益以及地方官员利益的综合体。利益永远都是有差异性的，不同地区的地方政府代表着不同的利益，不同级别的地方政府有着不同的利益诉求。从这个角度看，地方合作正是在求同存异的原则之上进行的，而合作的结果也影响着地方政府间的利益格局。主要体现为：

第一，地方合作的"蛋糕效应"和"示范效应"改变了地方政府谋求利益的方式。在传统的政府间关系下，地方政府增加地方利益的方式主要是跟中

---

① 杨小云、张浩：《省级政府间关系规范化研究》，《政治学研究》2005 年第 4 期，第 50—57 页。

央政府要资金、要项目、要优惠政策。 "政策致富"现象的普遍化,又进一步加剧了欠发达地区官员和群众的不公平感,从而导致恶性竞争愈演愈烈。地方合作的成功则证明了先"把蛋糕做大"才能分得更多,要想快速发展就必须进行联合,只有加强合作才能创造更多的额外价值。 额外价值主要有三个来源:一是重复和浪费的减少;二是核心资源的共享;三是通过合作创造的新机会。 于是,在发达地区的示范作用下,许多欠发达地区的地方政府也开始通过加强与其他地方政府的合作来共同提高区域竞争力,以区域的共同发展来带动当地的经济增长。 例如,吉林省延边朝鲜族自治州推行延吉、龙井、图们一体化,湘桂黔渝毗邻地区 17 个城市组成经济技术协作区,等等。

第二,地方合作的"扩溢效应"改善了地方政府间的财税关系。 根据新功能主义理论,不同领域的合作之间具有潜在的关联性,任何领域合作的成功都会引起对在其他领域进行合作的期望和信心,这使得地方合作就像"滚雪球",其推动力随着进程而越来越大。① 国内很多地方政府间的合作一开始都只是在经济领域,但是,随着区域经济一体化程度的提高,合作领域也会不断扩展。 例如,许多地区出于产业结构升级和调整的需要都会出台"产业双转移"政策。 这种政策的影响范围是相当广泛的,不仅关系到企业的搬迁和劳动力的转移,还涉及环境保护和生态治理等许多方面。 于是,就要建立相应的利益补偿和利益分享制度,完善横向财政转移支付制度和税收分成制度。例如,在乌昌地区,乌鲁木齐市向昌吉回族自治州拨付财政专项扶持资金;在海峡西岸经济区,泉州、福州、厦门等拨付专项资金用于流域生态补偿。 由此,新的利益分配方式也就逐渐形成。

(三)地方合作对政府间关系的总体影响

所谓总体影响,是由多个变量的变化共同产生的综合性影响。 地方合作对政府间关系的总体影响主要有:

第一,地方合作使得政府间关系呈现出网络状的发展态势。 以前,地方

---

① 于涛方:《从功能溢出到制度平衡:长三角区域整合辨析》,《城市规划》2006 年第 1 期,第 55—60 页。

政府利用对各种资源的控制权，在努力发展本地经济的同时，对其他地区实行地区封锁和市场分割，甚至以邻为壑。 地方政府间只有纵向的行政指令，几乎没有横向的对话协商，"诸侯经济"现象非常严重。 区域经济的发展使得地方政府间需要横向协调的事务越来越多，于是，横向政府间关系开始逐渐丰富起来。 区域合作组织的出现，则进一步扩大了地方政府对外交往的范围，不同地区、不同级别的地方政府首脑利用合作组织这个平台，可以广结人缘，就各方共同关心的话题进行友好磋商。 在这个过程中，横向政府间关系得到充分发展，斜向政府间关系也开始受到重视。 例如长三角地区，既有省级城市，又有副省级城市，还有地级市，经过多年的发展，这个区域的地方政府间关系总体上已经呈现出多中心、网络化的特征。

第二，地方合作的"俱乐部效应"在一定程度上改变了地方政府间的政治经济格局。 自发性地方合作出现之初，一般都是在那些经济发达、具有一体化倾向的地区。 而合作组织一旦正式形成，便具有了区域集团的特征，同时也对其他地方的加入设置了"门槛"。 例如，早期的《"长江三角洲城市经济协调会"城市入会规程（建议稿）》明确规定了入会标准：城市化水平不低于20％，人均 GDP 相对上海比值不低于 20％，经济联系强度系数不低于 10 等。[①] 这就是地方合作的"俱乐部效应"。 "俱乐部效应"从两个方面影响着地方政府间的政治经济格局：首先，合作组织的出现和发展在事实上改变了区域之间的实力对比，并且对其他区域形成了竞争压力；其次，合作组织对周边省份的地方政府间关系具有"干扰"作用。 例如，在京津冀、长三角周边地区的不少城市一直都在积极争取加入区域合作组织，以期共享其中的资源，从而促进本地经济增长。 在这种观念指导下，当地政府往往不再向省会城市"看齐"，而是渴望与省外城市携手合作。

三、评价与展望

地方政府之间的合作行为对地方政府间关系的影响是非常广泛的，绝不仅限于本书提到的这些方面。 那么，应该如何正确看待和客观评价当前的地

[①]　陈瑞莲：《区域公共管理理论与实践研究》，中国社会科学出版社 2008 年版，第 303 页。

方合作及其对地方政府间关系的影响呢？ 目前，学术界尚未提出相应的评价指标体系。 结合相关研究成果，笔者认为，评价地方合作对政府间关系影响的指标体系至少应当包括经济指标、社会指标、政治指标和民生指标四个方面。

第一，经济指标。 经济指标主要包括能否促进经济发展，能否降低政府成本。 根据这个指标，可以发现，由地方合作引发的政府间关系调整是完全有利于我国经济发展的，尤其是对区域经济一体化具有重要的推动作用，这是对前一历史阶段地方政府间恶性竞争的修正和弥补。 同时，进行地方合作，在区域内重新划分和配置权力，建立新的利益分配方式，可以降低政府之间的交易成本，减少资源浪费。

第二，社会指标。 社会指标主要是指对环境和生态的影响。 环境保护与生态治理是地方合作的一个重要领域，在当前的地方合作实践中，有许多合作都是专门针对环境问题而开展的。 地方政府通过异地开发、联合监测、共同治理等合作方式，较好地解决了流域污染、空气质量控制和生态保护等问题，产生了良好的社会效益。

第三，政治指标。 政治指标主要包括是否有利于地方政府间关系规范化，是否有利于提高政府效能，是否有利于树立良好的政府形象，是否有利于社会稳定等。 用这些标准来衡量地方合作对地方政府间关系产生的影响，可以认为，地方政府间关系的调整对于提高行政效率、改进政府工作质量、建立良好的政府与公民之间的信任关系、促进政治发展都是非常有益的，但由于缺乏中央层面的制度供给和法律依据，可能在地方政府间关系规范化这一点上有所欠缺。

第四，民生指标。 民生指标主要是指惠民效果。 从这一标准出发，会发现普通民众确实从地方合作中"尝到了甜头"。 地方保护主义的消退、区域贸易壁垒的破除，使得人才、资本、技术等市场要素在区域内实现了更加合理的配置，而同城化、一体化、公共服务均等化等相关规划的出台和落实，对于改善民生、促进社会公正具有重要意义。

综合来看，我国地方政府自发的合作行为所导致的地方政府间关系调整是值得肯定的。 在既没有"政府间合作法"或"政府间关系协调法"这样的国家层面的法律，也没有类似美国联邦宪法"协议条款"的法律规定的现实条件下，地方合作作为一种诱致性制度变迁，在一定程度上弥补了我国政治体制的不足，可以看作地方政府顺应时代发展而进行的自觉的适应性调整，是一种弹性机制。

从发展趋势来看，地方合作将深刻影响地方政府间关系的走向，这可以作为区域政治发展的一个重要生长点。在经济全球化、地域分工专业化和信息化高度发达的时代背景下，包括发达国家在内的许多国家都在对政府间关系结构进行调整，府内逐级分权、地方自治和多中心治理已成为普遍的发展趋势。我国虽然不太可能出现"地方政府联盟"这样的制度化政治联合体，但也不可避免地会吸收一些新的治理理念，引进新的治理工具。例如，构建地方政府间合作的信任机制，营造府际资本，推行网络治理，等等，这都将大大提高区域治理水平，进而促进我国的区域政治发展。

第三节　地方政府合作协议的新制度主义分析

当前，我国区域内地方政府合作方兴未艾，既取得了一系列显著成效，也面临着不少难题。地方政府之间签订的诸多合作协议，是影响合作效果的重要因素。因此，研究区域合作，不能忽视对地方政府合作协议的研究。地方政府合作协议即行政协议（包括会议决议、纪要、备忘录、宣言、共识以及共同行动纲领等形式），是参与区域合作的各个地方政府共同合作意愿的文字化体现，是为了保障各方的合法权益而在协商达成一致后签订的书面材料。这些合作协议有没有约束力？其执行情况如何？地方政府之间的合作协议存在哪些问题？又该如何改善？以下是笔者的分析。

一、新制度主义理论视野中的地方政府合作协议

（一）新制度主义的制度观

制度是新制度主义的核心概念，对制度进行重新定义，是新制度主义的出

发点。新制度主义认为,从最一般的意义上讲,制度可以被理解为社会中个人遵循的一套行为规则。[1] 较为正式的说法是:"制度是人为设计的,用于人际互动的约束条件。"[2]舒尔茨则把制度的含义从政治和经济扩展到社会和技术,认为制度是一种行为规则,这些规则涉及社会、政治及经济行为。[3]诺斯认为,制度是一个社会的游戏规则,更规范地说,它们是决定人们的相互关系而人为设定的一些制约。[4] 后来,诺斯又增加了"非正式约束"作为补充,认为制度由一系列社会认可的非正式约束、国家规定的正式约束及其实施机制构成。"制度是人类设计的构成政治、经济和社会相互作用的强制力量。它由非正式的强制力量(教规、禁忌、习俗和行为惯例)和正式的法规(宪法、法律和产权)组成。"[5]

(二)作为一种制度形式的地方政府合作协议

根据新制度主义对制度的界定,地方政府合作协议无疑是一种制度形式,可以纳入新制度主义的理论视野中进行分析。

1.从产生过程来看,地方政府合作协议是一种博弈均衡的表现

如果把经济过程看成一个博弈过程,就会出现三种不同的制度观,即分别把制度看成博弈局中的参与者、博弈的规则和博弈的结果。博弈论制度分析学派的学者如肖特、培顿·扬、青木昌彦等人采用的是制度的博弈均衡观,认为制度是内生的,是博弈的一种结果。从我国区域合作的情况看,联席会议、合作论坛与洽谈会是签署地方政府合作协议的主要平台。但在论坛与洽谈会举办之前,地方政府合作协议的酝酿过程却是区域内地方政府反复协商、

---

① 科斯、阿尔钦、诺斯等著,刘守英等译:《财产权利与制度变迁——产权学派与新制度学派译文集》,上海三联书店1994年版,第375页。

② North, D. C. *Institution, Institutional Change and Economic Performance.* Cambridge: Cambridge University Press,1990,p. 3.

③ 科斯、阿尔钦、诺斯等著,刘守英等译:《财产权利与制度变迁——产权学派与新制度学派译文集》,上海三联书店1994年版,第253页。

④ 诺斯著,刘守英译:《制度、制度变迁与经济绩效》,上海三联书店1994年版,第1页。

⑤ North,D. C. "Institutions". *Journal of Economic Perspectives*, 1991,5(1),p. 97-112.

互相博弈的过程。

2. 从表现形式来看,地方政府合作协议形式的多样性符合制度的多样性特征

地方政府合作协议只是一个泛称,事实上,合作协议不单单是指"某某区域某某行业发展合作协议"这种规范性较强的协议,还包括会议决议、纪要、备忘录、宣言、共识以及共同行动纲领等形式,甚至还可以包括发展规划。这种形式上的多样性与新制度主义中制度的多样性特征完全契合。 新制度主义者所说的制度,既包括正式制度,也包括非正式制度,甚至包括合作社、公司、国际组织、学校、监狱等组织或机构的制度形式。 新制度主义还把制度分为规范性行为准则、宪法秩序和制度安排三个层次。 规范性行为准则指道德和习俗;宪法秩序指人类活动的基本原则,涉及社会、政治和经济诸多方面,它以宪法为核心,制定社会行为规则;制度安排则包括成文法、习惯法和自愿性契约等。① 可见,新制度主义的制度概念相当宽泛。 而本书所谈的合作协议虽然不包括组织机构这样的制度形式,但也已经超出了传统政治学、法学中的制度和协议的范畴。

3. 从执行情况来看,地方政府合作协议的约束力体现了制度对行动者的影响

合作协议的产生实际上是一个制度被创设的过程,而制度一旦出现,也就开始对个体的行为起形塑作用。 这就是个人与制度的互动问题。 在新制度主义理论中,有一种普遍的观点认为,既定结构的目标就是形塑个人决策行为。这种形塑可以通过规则或者宪法性契约来发挥作用,也可以通过对某种分析框架中(有时也可能是现实中)的博弈活动的回报来体现。② 从地方政府合作协议的执行情况来看,参与区域合作的各方对合作协议的执行程度是不同的,即同样的制度对不同的行动者有着不同的影响。 通常认为,地方政府是理性的经济人,地方在多重角色冲突中往往会采取利己行为。 但是,合作协议签署之后,地方政府就不得不考虑区域整体利益,因为各方在签订协议的同时让渡了各自的一部分行政权力。 因此,地方政府自我利益最大化的行动是处于

---

① 杨龙:《西方新政治经济学的政治观》,天津人民出版社 2004 年版,第 116 页。

② 盖伊·彼得斯:《理性选择理论与制度理论》,何俊志、任军锋、朱德米编译:《新制度主义政治学译文精选》,天津人民出版社 2007 年版,第 91 页。

合作协议约束之下的。 当然，前提是政府之间的合作协议有足够的约束力。

二、地方政府合作协议存在的问题及原因分析

(一)地方政府合作协议存在的问题

1.合作协议拟定过程的民主化程度不高

区域合作协议的拟定，应该遵循平等互利的原则，但事实上并不是每一个参与合作的地方政府都能够进行充分的利益表达，这一点在产业转移协议中表现得尤其突出。 这又可以分为两种情况：一是上级政府主导；二是为了眼前利益委曲求全。 第一种情况在不跨省的经济区表现最为明显。 以武汉城市经济圈为例，湖北省委先于武汉市委提出建设武汉城市经济圈的课题，并于2004年4月下发了《关于武汉城市经济圈建设的若干问题的意见》。 此后，为了使武汉城市经济圈上升为国家级经济区，湖北省委、省政府又做了大量工作。 在这种政治气氛之下，武汉城市经济圈内的其他8个城市与武汉市签订的各项协议在一定程度上是有利于武汉市的。 第二种情况常见于经济欠发达的城市与经济发达的城市签署的合作协议中。 发达城市出于产业升级的需要，希望在引进高科技产业的同时将那些高污染、高能耗类的企业转移出去，而经济欠发达的城市则迫切追求经济增长速度。

2.合作协议本身不够完善

从已经签订的合作协议来看，有些协议本身是不完善的。 有些协议的内容比较原则化和抽象化，既缺少可操作性指标，又没有另外制定具体的实施细则，甚至有时候只是合作双方或各方意向和认识的汇总。 一般来说，合作协议应该包括合作事项、合作内容、双方的权利与义务、利益分成方式、风险分担及违约责任的约定等内容。 地方政府合作协议虽然不一定都要像法律文书一样规范，但有些内容还是不可或缺的，如利益分成方式。 2009年，在海峡西岸经济区，福州、厦门和泉州三市的"总部经济争夺战"越来越激烈，其根本原因就在于三市在税收分成上难以达成一致，在合作协议中没有规定税收分成方式。 相反，京津冀地区的北京市海淀区和天津市经济技术开发区，由

于在合作协议中明确规定了税收按比例分成的方式，双方早在 2003 年就开始了 "研发—孵化—生产" 的良性链条合作。

3.合作协议约束力不强

合作协议的约束力问题是地方政府合作协议最主要的问题。缺乏约束力的协议必然难以得到有效执行，不去执行也就使得区域合作成为空谈。珠三角地区的金融中心之争就是一个很好的例子。2004 年 11 月 25 日，泛珠三角区域的 9 个省区在首届泛珠三角区域合作与发展金融论坛上签署了备忘录，备忘录中提出要深化区域金融合作，提高泛珠三角区域金融业的整体实力和竞争力。但是，2003 年深圳出台了 "金融 18 条"，2005 年广州也提出了《关于大力发展广州金融业的意见》，并于 2005 年底成立了正局级的广州市金融服务办公室。随后，珠海也在 2010 年 3 月 11 日与中山、江门两市的人民银行签署了《珠中江金融合作备忘录》。当时的区域金融合作大有逐步演变为寡头竞争的态势。

(二)新制度主义的阐释

地方政府合作协议中存在的诸多问题，都可以用新制度主义理论来解释。根据新制度主义理论，导致区域合作协议出现问题的主要原因在于制度变迁的路径依赖性、制度设计缺陷和制度结构不合理。

1.制度变迁的路径依赖性影响制度创新

路径依赖是指 "历史上某一时间已经发生的事件将影响其后发生的一系列事件"[①]。制度变迁的这一特点在区域合作中表现得非常明显。具体而言，就是区域合作的最初倡导者的身份和地位影响着地方政府合作协议的拟定。长江三角洲经济协作区最早是由国务院提出的，珠江三角洲经济区最初是由广东省委、省政府规划的，"9+2" 泛珠三角区域合作的构想是时任广东省委书记张德江提出的，武汉城市经济圈战略是时任湖北省委书记俞正声授

---

① Sewell，W. H. "Three Temporalities：Toward an Eventful Sociology". T. J. McDonald. Ed. *The Historic Turn in the Human Sciences*. Ann Arbor：University of Michigan Press，1996，p. 262-263.

意的，东北三省立法协作机制是辽宁省政府法制办提出的。 由于发起者的地位不同，合作协议的内容和效力也不相同，合作效果自然也就会有差异。 更进一步说，其实是区域内原有的政治经济关系决定着区域合作制度创新的结果。 在上级政府主导的情况下，区域合作往往是"举全省乃至全国之力"，许多地方政府不得不"舍小家顾大家"。 相反，在发起者的地位与其他合作者相当的情况下，区域合作更多建立在民主协商、利益共享的基础上，各方的利益诉求都能得到充分表达，合作协议也就更具有民主性和平等性。

2.制度设计缺陷导致"制度失败"

新制度主义认为，制度设计是有意识的，是理性选择的结果。 但是，制度设计者不是全知全能的，有限理性和信息不对称的存在使得制度设计者可能会设计出具有先天缺陷的制度。 这是乐观的看法。 悲观的看法则认为，制度设计者有时候会故意设计出一些有缺陷的制度，以便日后他们不遵守制度时也不会受到惩罚。 有些地方政府合作协议，除了缺乏操作性指标、利益分成方式等"普通缺陷"外，还有一个重大缺陷就是没有规定违约责任。 不规定违约责任就意味着区域合作参与者的违约成本是极低的，逆向选择和道德风险难以避免。 有利就一哄而上，无利就互相推诿，其根源就在于此。 虽然有缺陷的合作协议也能起到一定的约束作用，但这与实质性的区域合作要求相去甚远。 如果制度缺陷广泛存在，最终会导致"制度失败"。

3.制度结构不合理引起制度冲突

制度结构由几种不同的制度安排共同组成，体现的是制度之间的关系。任何制度都不是孤立存在的，制度之间具有不同程度的关联性。 互补性的制度结构能够持续地促进制度绩效提高，而冲突性的制度结构则会阻碍制度变迁的正常发展。 有些区域合作协议缺乏约束力、难以得到有效执行的原因就在于制度结构不合理。 例如，我国现行的财税制度、政绩考核制度就在一定程度上与地方政府合作存在冲突。 签订区域合作协议的目的是促进区域共同发展，但是由于财税收入、政绩考核等因素对各地官员影响较大，他们在执行协议时往往会首先考虑个人利益和地方利益，甚至可能会为此牺牲区域整体利益。 这就意味着合作协议对地方政府来说是一种"软约束"，只有那些法律约束力和行政约束力都比较强的合作协议才可能会被较好地执行,而另外一些合作协议可能会被有选择地执行。

三、改善方向:建立"良好的制度"

良好的制度,就是能够有效履行指定任务的制度。① 如何让地方政府合作协议成为良好的制度?

(一)要不断优化制度系统

地方政府合作协议作为一种制度,与其他制度一起构成制度系统。 制度系统中的各种制度都是相互关联的。 制度之间的关联性又分为历时关联性和共时关联性两种情况。 从历时关联性来看,以往制定的各种先于地方政府合作协议出现的制度都可能对合作协议造成影响。 从共时关联性来看,与地方政府合作协议同时存在的其他制度也可能会影响合作协议的执行。 因此,必须不断调整制度结构,优化制度系统。

具体来讲,就是要做到:第一,确立地方政府合作的保障制度。 鉴于政府间权力配置缺乏法律规范的现实情况,应该尽快将政府间关系纳入法制轨道,使地方政府合作协议有法可依。 第二,调整那些与地方政府合作相冲突的制度。 可以考虑把某些行业的增值税改为消费税,以减少区域内重复建设和产业同构现象,降低财税收入对地方政府合作协议的负激励作用。 同时,将合作成效纳入政绩考核标准,为官员执行合作协议提供政治保证。 第三,完善地方政府合作的配套制度。 通过新闻宣传来唤起地方政府的合作意识,通过区域规划来找准各城市的定位,通过建立利益补偿机制来增强合作积极性,通过设置区域协调管理机构来解决争端。

(二)确保合作协议执行的能力

一套良好的制度,应该能够制定出规则,对那些破坏集体利益的个人效用

---

① 盖伊·彼得斯:《理性选择理论与制度理论》,何俊志、任军锋、朱德米编译:《新制度主义政治学译文精选》,天津人民出版社 2007 年版,第 93 页。

最大化行为加以限制，而且这套制度还应该确保这些规则在制定后能够被较好地执行。 也就是说，要使地方政府合作协议具有确保规则执行的能力。 不可否认，由于委托代理关系和监督成本的存在，有些地方政府会有违背合作协议的冲动，并且对这种违约行为的查处也可能存在着某些困难。 但是，一个设计精妙的合作协议还是能够最大限度地提高协议执行能力的。

可以从两个方面来完善合作协议：加强利益诱导和加大惩罚力度。 从合作中获利是地方政府参与区域合作的基本动机，一份好的合作协议应该让参与合作的各方都能看到充满诱惑的合作前景。 这样，各方在执行协议时才会更加积极。 同时，对于拒绝执行区域合作协议或不认真履行协议责任的地方政府，要给予相应的惩罚，情节严重者应该让其退出合作组织。 制度具有自我维持和自我强化的能力，要在避免制度缺陷的基础上，使地方政府合作协议在良性发展的轨道上不断进行"正强化"。

(三)提高制度的效率

制度的效率并不完全是指严格的市场效率，在区域合作的背景下，效率是指区域合作组织以某种方式对一系列公众的偏好表达加以引导，从而产生最能令人接受的政治决策的能力。 反映在地方政府合作协议上，就是合作协议的内容要能够充分体现区域内地方政府、社会组织和公众等多方的意愿，这样，合作协议才能在最大限度上被区域合作的各个利益相关者理解和接受，与此相关的各项区域公共政策才能获得良好的执行效果。

提高地方政府合作协议制度效率的关键在于区域决策的民主化和科学化。 当前，我国的区域合作协议大多是由政府倡导并签订的，但是，政府主导并不排斥公众参与。 国外区域合作的经验表明，重视多方参与在区域合作中的作用，可以提高制度效率，优化区域治理结构。 我国已经出现了如《泛珠三角区域商会合作框架协议》《长三角地区市政工程协会合作协议》等区域性行业协会合作协议，应该继续鼓励并大力支持行业协会、学会、商会等社会组织和社会公众参与区域合作协议的拟定。 这不仅有利于提高制度效率，也有利于改善政府决策过程，提高区域治理水平。

第四节　地方政府合作中的政府创新

政府创新，就是公共权力机关为了提高工作效率和增进公共利益而进行的创造性改革[①]，这种改革体现在政府理念、行政技术、公共政策、法律制度以及组织形式等许多方面。

地方政府合作是政府创新的一个重要领域。 地方政府在区域合作中已探索出许多新的合作机制和模式，丰富了政府治理的内容和方式，提高了政府管理水平。 但是，相对于地方政府合作中众多的政府创新实践而言，学术界对该领域的研究显得相对滞后。 虽然个别学者有所涉及，但都侧重于应然研究，较少提及创新实践。 另外，从历届"中国地方政府创新奖"的获奖对象来看，获奖单位大多为单个政府或某个地方政府的职能部门，两个单位分享同一奖项的情况很少。 因此，有必要对地方政府合作中的政府创新进行较为系统的梳理，总结其基本经验，并探讨其发展趋势。

一、地方政府合作中政府创新的背景及动力

(一)地方政府合作中政府创新的背景

一方面，我国关于地方政府合作的制度供给不足。 在法律层面，既没有"政府间关系协调法"或"政府间合作法"这样的法律，也没有类似美国联邦宪法中"协议条款"的法律规定。 在政策层面，中央有帮扶性地方政府合作政策，如对口支援。 但对口支援不是地方政府之间自发的合作行为，而是中央的安排，基本上不是地方政府的创新活动。 中央政府也有区域性政策，涉及某些区域的地方合作，但只局限在特定区域范围内，并不是全国范围内普遍适用的地方政府合作政策。 因此，制度供给不足导致了大量的制度需求，地方政府在合作时的制度创新需求非常明显。

---

① 俞可平:《论政府创新的主要趋势》,《学习与探索》2005 年第 4 期,第 2—6 页。

另一方面，地方政府具有实质性的斟酌权力。 尽管中国实行单一制政体，地方的权力来自中央的授予，但 1978 年以来的分权化改革使得地方政府在行政管理方面得到较多的斟酌权力。 这不仅为地方政府合作提供了可能性，也是地方政府积极创新的一个重要前提。 在与中央保持一致的政治前提下，地方政府之间的合作有较大的实践空间。 地方政府之间，可以通过区域内行政权力的跨行政区衔接、横向转移、让渡以及行政权力行使的对等约束等手段实现合作。 由于地方政府之间没有上下级关系，它们之间的合作主要依靠友好对话和平等协商，合作的方式和内容也没有统一的规定，这就为政府创新留下了较大的空间。

（二）地方政府合作中政府创新的动力

中国发展到目前的阶段，经济的区域化趋势十分明显，资金、劳务等经济要素和商品的跨行政区流动越来越频繁，对区域内要素整合、区域市场的统一等的要求越来越明显。 而国内存在"行政区经济"现象，行政区划形成的人为界线成为区域经济发展的桎梏，消除行政壁垒成为地方经济发展的重要制度需求。 在目前国内关于地方政府间横向关系的制度供给不足的背景下，强烈的合作动机又可以使地方合作方面产生丰富的制度创新成果。

跨界公共物品和公共服务的供给问题主要体现在跨地区的流域治理、跨地区基础设施的规划和建设、跨地区突发性公共事件的应对、资源开发与环境保护等方面。 随着地方政府间横向经济联系越来越紧密，相互之间的依存度也越来越高，许多原本局限于行政区内部的公共问题在这一过程中开始跨越行政区边界。 对于跨界公共问题的治理，除了由所涉地方政府的共同上级政府来负责外，还可以通过地方政府合作的方式来进行，并且由于跨界公共问题本身的复杂性，在现实中这类问题也多是通过地方政府合作的方式解决的。

总之，由于区域内各个地方都能够从合作中获益，而地方政府合作又有较大的制度创新空间，同时，通过合作还能够提高本地的治理水平，提高本地民众对地方政府的认同感，因此，地方政府在区域合作中的创新非常活跃。

二、地方政府合作中政府创新的实践及其评价

(一)地方政府合作中政府创新的典型表现

在地方政府合作的实践中,涌现出了大量的创新成果。 这些政府创新的表现形式不一,概括起来主要体现在两个维度上:一是地方政府自身的创新;二是公共物品和公共服务供给方式的创新。 前者又可以分为组织结构创新、制度创新和行政技术创新三种基本类型,后者则有联合供给、异地供给两种主要方式。

1. 地方政府合作中政府自身的创新

根据行政生态学和行政组织学理论,任何政府都处于特定的行政环境之中,行政环境的变化必然会对行政组织造成一定的影响。 因此,在经济区域化、区域一体化、区域公共事务日益增多的趋势下,地方政府合作的领域和范围也越来越广泛,地方政府自身必须主动进行变革才能适应这种新形势。 在区域合作中,地方政府自身的创新主要表现在三个方面。

第一,组织结构创新。 地方政府组织结构是指地方政府各部门之间、部门内部沟通和协调的方式,以及权利、责任和义务的分布形式。 地方政府组织结构创新是为了实现特定的目标,对现有的地方政府各部门之间、部门内部的沟通和协调方式进行调整和改进,或者创建新的行政组织的过程。 组织结构创新是地方政府提高政府效能的关键所在。 关于地方政府组织结构创新的方式,正如主持机构改革的时任国务院秘书长马凯所指出的那样,在调整地方政府组织结构的时候,要体现地方特色,从实际出发,因地制宜,有条件的地方可以加大整合力度,允许一个部门对口上级几个部门。[①] 在区域合作的背景下,地方政府组织结构创新主要体现在各地方政府内部设立新的组织机构和成立区域协调机构两方面,前者如在各地发展改革委设立交流合作处,后者如区域合作日常工作办公室等。

---

① 杨雪冬:《科学发展观指导下的政府创新:一个基本评价》,《毛泽东邓小平理论研究》2010 年第 1 期,第 47—56 页。

在地方政府合作中，最典型的组织结构创新当数乌鲁木齐市和昌吉回族自治州的联合党委——乌昌党委。乌昌党委成立于 2004 年 12 月，其性质是派出机构，在新疆维吾尔自治区党委的直接领导下开展工作。随后，在乌昌党委的推动下，又先后成立了乌昌财政局、发展改革委、招商局、规划局和旅游局等政府部门。这种跨区域联合党委的创新意义在于可以在不改变行政区划的情况下，以党的力量推动区域合作，实现相关领域的一体化；同时，在一定程度上破解了区域一体化过程中原有的干部安排难的问题和行政协调问题。

第二，制度创新。制度创新是地方政府创新的核心内容。当前，我国正处于转型加速期，在这个前所未有的跨越式发展过程中，地方政府将面临各种复杂的新情况、新问题，尤其是在没有经验可借鉴的情况下，制度创新就特别重要。我国的地方政府合作，一般都是以增进地方利益为基本出发点的。因此，在一些利益之争比较激烈的领域，合作往往难以开展。为了化解冲突、规范竞争秩序，地方政府不得不持续推进制度创新。以跨界水污染为例，起初是上游肆意排污，对下游的环境损失不负任何责任，后来，为了解决日益增多的跨界污染纠纷、维持合作关系，地方政府之间开始建立横向利益补偿制度。但是，这种单纯的利益补偿并不能解决环境保护问题，反而会使下游因为分享了上游的经济发展成果而成为加剧污染的"帮凶"，水污染的治理难题并没有得到真正解决。

而浙江省金华市则开创了一种区域内利益分配的新模式——异地开发模式。在金华经济技术开发区内，金华市政府专门为处于上游的磐安县提供了一个由磐安县自主开发的金磐开发区，接纳磐安县的招商引资项目。广东省龙门县也有工业园区统一接纳上游各镇的招商引资项目。[①] 异地建设工业园区，既可以减少处于下游的地方受到的污染，又可以不影响处于上游的地方的经济增长。从政治学和行政管理学的角度看，这种异地开发模式的本质是一地政府将对一定地域范围的管理权限让渡或转交给其他政府。这突破了我国

---

① 王玉明：《地方环境治理中政府合作的实践探索》，《广东行政学院学报》2010 年第 3 期，第 11—15 页。

一直奉行的属地管理原则和相关法律法规的限定，是一种明显的创新。

第三，行政技术创新。行政技术创新是提高地方政府治理绩效的重要途径。在信息化时代，行政技术创新主要是指建立电子政府并实施电子政务，为公民提供优质而快捷的公共服务，增强政府的回应力。在地方政府合作中，行政技术创新是地方政府之间有效沟通的重要保障，也是区域内公民与政府良性互动的重要方式。区域合作中的行政技术创新主要表现为各地方政府共同出资建设区域网站，提供电子化的区域公共服务，这一点在地方政府合作比较活跃的几个地区都有不同程度的体现。

泛珠三角合作信息网是地方政府合作中行政技术创新的典型成果。2005年6月，泛珠三角区域各成员单位在广州签署了《泛珠三角合作信息网合作共建框架协议》。根据协议，泛珠三角内地九省区按照"整合资源、优势互补、循序渐进、共建共享"的原则，在泛珠三角合作信息网的建设、维护、形象宣传和运营等各个环节开展合作。值得一提的是，该网站开设了"跨域通办"栏目，大大提高了泛珠三角区域各地方政府的电子化办公水平。

2. 地方政府合作中公共物品和公共服务供给方式的创新

如前所述，我国区域性公共问题的出现反映了公共物品和公共服务供给方式的落后。为了提高区域治理水平，地方政府在区域合作中不断创新，探索出一些新的公共物品和公共服务供给方式。其中，最具有代表性的就是联合供给和异地供给这两种模式。

第一，公共物品和公共服务的联合供给模式。所谓联合供给，是指区域内各地方政府共同参与公共物品和公共服务的提供，不存在"搭便车"的情况。这种联合供给是多个地方政府的集体行动，并且多以签署合作协议为基本前提。也就是说，联合供给是建立在一定的激励和约束机制基础之上的。根据合作频率的不同，联合供给可以分为偶然性联合供给、周期性联合供给和常态性联合供给。根据合作中各方作用的不同，联合供给又可以分为平等参与型联合供给和单方主导型联合供给。

从地方政府合作的情况来看，由区域内各方共同提供公共物品和公共服务是较为常见的，这种联合供给模式能够有效解决区域治理难题。以太湖治理为例, 自 20 世纪 80 年代开始, 太湖水污染治理就一直缺乏成效。 蓝藻危机发生后, 苏浙沪三省市在无锡市连续多次召开共同治理太湖的协调会议, 签署了《关于太湖水环境治理和蓝藻应对合作协议框架》, 明确建立了定期交流制度、重大事项应急协商制度、信息通报制度、蓝藻打捞合作机制等多项合作制度。 之后, 在太湖地区各地方政府的共同治理下, 太湖水环境有了明显改善, 解决了中央职能部门长期无法有效解决的流域管理难题。

第二, 公共物品和公共服务的异地供给模式。 通常情况下, 一地政府只对本行政区内的居民享有管理权, 并为其提供相应的公共服务。 而在对区域一体化、同城化等概念耳熟能详的今天, 跨行政区提供公共服务开始提上政府议程。 在当前的地方政府合作实践中, 异地供给公共物品和公共服务主要有两种形式: 一是区域内各地方政府同时提供某种公共服务, 该区域内公民可以跨地区享用; 二是由一个地方政府提供某种公共服务, 区域内所有公民都可享用。 其区别在于, 前者所提供的公共服务一般是各地方政府在合作前就都具有的, 而后者所提供的公共服务则是在合作后新产生的。

异地提供公共物品和公共服务在珠三角地区和东北三省表现得最为明显。 2010 年 8 月, 广东省政府官网正式公布了珠三角 "五个一体化" 规划。 实施一体化后, 珠三角的公民可以跨市享受公共服务, 如异地就医互刷社保卡等。 东北三省的立法协作则在行政立法层面实现了 "一省立法、三省共享", 大大降低了立法成本。 另外, 东北三省还建立了行政违法案件查处合作机制, 对行政处罚有异议的公民, 可以在东北三省范围内进行异地投诉。 这种公共服务的异地供给模式对于打破地域限制、整合各类资源、促进区域一体化具有重要的推动作用。

(二)对地方政府合作中政府创新的评价

上述政府创新的几个案例, 只是从地方合作中大量的政府创新实践里选取的一些典型, 并不意味着在其他地区和其他领域就不存在创新。 事实上, 类似的政府创新是广泛存在并不断涌现的。 只是由于笔者时间和精力有限, 尚未一一考察。

那么, 应该如何评价地方政府合作中出现的政府创新呢? 由于这些创新所属领域不同、创新目的不同，因此，难以用统一的标准予以分别评价。 根据"中国地方政府创新奖"的评选标准，评价政府创新的指标主要有创新程度、效益程度、参与程度、重要程度、节约程度和推广程度 6 个方面。[①] 结合地方政府合作的实际情况，我们剔除参与程度这个指标，利用其余的 5 个指标对地方政府合作中的政府创新进行总体评价。

第一，创新程度。 可以认为，地方政府合作本身就是对府际关系的一种创新。 当然，在不同的地方政府合作组织中，创新的程度有所不同。 就目前的情况来看，乌昌联合党委的创新程度最高，因为区域联合党委对我国的政治体制和行政管理体制中的基本方面构成了挑战，并且属于有益的创新。 另外，异地开发和立法协作这两种政府合作模式的创新程度也较高。

第二，效益程度。 效益应该包括社会效益和经济效益两方面，并且应当实现社会效益和经济效益的统一。 从这个标准出发，浙江省金华市金磐开发区的异地开发模式效益程度最高，不仅促进了两地的经济发展，而且对于环境保护和地方政府间关系的改善起到了积极作用。

第三，重要程度。 重要程度主要指对人们生活、经济发展、政治民主、社会发展等方面具有重要意义。 根据这个标准，国内众多的地方政府合作都是比较重要的。 就本书涉及的案例而言，太湖治理中的政府合作最为重要，因为关系到几省市人民的日常生产生活。 其次是珠三角地区的区域一体化。

第四，节约程度。 就此指标而言，东北三省的立法协作节约程度最高。毕竟，许多需要地方政府合作的领域都是以财政支出为基础的，如环境治理，因此，地方政府合作中的政府创新往往可能会增加行政成本。 类似于立法协作这样能够降低政府成本的创新，应该广泛挖掘。

第五，推广程度。 乌昌联合党委模式在吉林省延边朝鲜族自治州的延龙图（延吉、龙井、图们）地区得到了推广。 但从长期来看，区域一体化最具有推广价值和推广的可能性。 目前常见的是 2 个城市间的一体化和城乡一体化，类似于珠三角地区的多个城市一体化，应该是今后地方政府努力的方向。

总体来看，我国地方政府合作中大量的政府创新是值得肯定的，其出发点

---

① 俞可平：《论政府创新的若干基本问题》，《文史哲》2005 年第 4 期，第 138—146 页。

是正确的，方式是新颖的，效果是显而易见的。 在创新程度上，每个地区各不相同，但都有一定的创新；在效益程度上，每个地区的社会效益和经济效益都有所提高；在重要程度上，地方政府合作中的政府创新都比较重要；在节约程度上，虽然部分政府创新需要扩大财政支出，但也不乏节约政府成本的创新行为；在推广程度上，地方政府合作中的政府创新都具有一定的启发意义，值得推广，同时，也有待推广。

三、地方政府合作中政府创新的前景展望

1962 年，美国学者埃弗雷特·罗杰斯教授提出了著名的创新扩散理论。他把创新的采用者分为革新者、早期采纳者、早期追随者、晚期追随者和滞后者 5 种，把创新扩散的过程分为了解阶段、兴趣阶段、评估阶段、试验阶段和采纳阶段 5 个阶段。 罗杰斯认为，创新的扩散，一开始比较慢，而当采用者达到一定数量后，扩散过程就会突然加快，并将一直延续到系统中有可能采纳创新的人大部分都采纳创新，而在达到饱和状态之后，创新扩散的速度又会逐渐放慢。 创新的扩散过程总体上呈现出 S 形的变化轨迹。

用创新扩散理论来考察我国地方政府合作中的政府创新，可以发现，这种创新的正常扩散面临着一些困难。 由于我国地方政府合作中的政府创新尚处于探索阶段，对不少创新行为的实施效果难以进行全面的科学评估。 对于一地的创新行为，其他地区出于政治、文化等因素的考虑，大多持观望态度。而且，地方政府创新还与当地领导及上级政府的支持态度密切相关。 整体看来，现在已经出现的一些政府创新，除交通一体化等少数做法被普遍效仿之外，其他领域的创新行为还缺乏应有的追随者和采纳者。 部分政府创新虽然获得了较高的社会评价，但其他地区大多只是在口号上予以响应。 这对于地方政府合作中政府创新的扩散，是极为不利的。

为了促进政府创新的扩散，需要大力发挥媒体的宣传作用。 此外，还应当加强以下几个方面的工作。

第一，加强地方政府间的学习考察。 学习考察是区域内各地方政府寻求互利合作的主要渠道，也是政府创新扩散的重要方式。 我国地方政府间的交流互访一直存在，但是以学习为目的，并"学有所成"的并不多。 这种学习

主要是欠发达地区向发达地区学习，如延边朝鲜族自治州为了促进延龙图一体化，于 2009 年 4 月派出考察组对新疆乌昌地区的一体化发展经验进行学习考察。 实际上，地方政府合作中的政府创新与经济发达程度并无直接联系，因此，地方政府间的学习交流应该更新观念，即使是发达地区也要虚心学习欠发达地区的创新经验。

第二，加强不同区域合作组织间的交流互访。 从权力让渡的角度来看，区域合作组织是由成员单位各自让渡出来一部分行政管辖权而组成的具有区域政府性质的协调机构。 加强区域合作组织间的交流对于政府创新的扩散具有重要意义。 2006 年，长江三角洲城市经济协调会、泛珠三角区域合作行政首长联席会议、环渤海地区经济联合市长联席会（现为环渤海区域合作市长联席会）3 个区域合作组织之间签订了《关于区域合作组织间开展工作交流与合作的协议》，初步建立了定期互访制度。 其他地区的合作组织不妨也加入其中，或者是建立一个全国性的区域合作组织交流制度。

第三，完善干部交流任职制度。 干部异地交流任职，能够将本地的政府创新推广出去，也可以把外地的创新成果吸纳进来。 我国一直比较重视干部交流任职，据统计，自党的十七大至 2010 年 3 月，共有 8 个省区市的纪委书记、12 个省区的组织部部长进行了调整，全部由交流干部担任。 2010 年，31 个省区市党委书记中有 28 人是交流干部，占 90.3％；除 5 个民族自治区及港澳台外，26 个省市政府正职中有 20 人是交流干部，占 76.9％；31 个省区市纪委书记中有 19 人是交流干部，占 61.3％；31 个省区市组织部部长中有 24 人是交流干部，占 77.4％。① 进一步完善干部交流任职制度，应该将政府创新的因素也考虑进去。

第四，实行地方政府间信息共享。 政府创新成果的推广，离不开地方政府间的信息共享。 为了更好地促进地方政府合作中政府创新的扩散，应当建立跨区域的政府信息共享平台。 目前，区域合作发展较快的几个地区已经建立了各自的信息共享平台。 在各自的信息共享平台上，基本实现了区域内政

---

① 谭浩、李亚杰、董宏君：《活水长流业常新——党的十七大以来推进干部交流工作综述》，《人民日报》2010 年 3 月 17 日，第 1 版。

府创新信息及时有效传播。 但是，区域之间的信息共享做得还不够好。

总之，地方政府合作中的创新应当遵循创新扩散的一般规律。 只有通过完善的创新扩散机制，已有的创新行为才会被其他地区效仿，并产生更大的效益。 当然，这种效仿不是完全照搬，而是吸收其他地区地方政府合作实践中的有益做法，并结合本地区的实际情况加以变通实行。 整体看来，现在还有许多合作领域中的难题尚未得到妥善解决，这也为地方政府留下了大量的创新空间。 可以预见，在区域经济一体化的大趋势之下，地方政府在区域合作中将进一步解放思想，不断推出新的创新举措，进而持续推动我国的政治发展、行政发展和社会发展。

第五节　区域合作组织的困境与出路

随着区域一体化进程的快速推进，我国的区域合作组织呈现出蓬勃发展之势。 综观国内现有的区域合作组织，可以发现，这些合作组织基本上都是在一定地域范围内由多个相同或不同行政级别的地方政府基于共同需要而自发成立的区域性协调机构。 然而，在既有的体制之下，这些区域合作组织是否能够真正发挥作用呢？ 它们在实际运作中面临着怎样的困难？ 又该如何对其进行优化？

一、成立区域合作组织的初衷

一般来说，同一区域内不同地方政府共同成立合作组织主要出于以下考虑。

(一)解决跨行政区公共问题

在经济区域化发展进程中，跨行政区的经济社会事务越来越多，由此也就提出了加强地方政府协作的要求。 需要地方政府共同解决的区域性公共问题和公共事务主要有 3 个方面：一是区域统一市场的培育和各地方利益的协调。20 世纪 80 年代至 21 世纪初，我国各地方政府为追求经济增长展开了长期的激烈竞争，这种以政府竞争代替市场竞争的发展方式，虽然为地方经济发展奠定了一定基础，但也导致了许多不良的经济社会后果。因此，有必要在协调各方利益的基础上，打破行政区划对市场要素流动的限制，在更广阔的地域范围内统一配置经济资源。二是生态环境的保护和治理。市场主体在追求利益的冲动中会对自然资源进行掠夺式开发或无视生态环境的价值而肆意排放工业污染，但是，区域内的生态环境是一个整体，一个地方生态环境的恶化必然会影响周边地区。流域污染、大气污染、沙尘暴、酸雨等环境问题的产生，使得人们开始认识到单个地方政府无力解决区域性生态环境问题，必须引入"整体政府"的思维进行"整体性治理"。三是基础设施的建设和维护。在行政分割的状态下，同一区域内不同行政区的基础设施重复建设导致了严重的资源浪费，一方面是机场、码头林立却利用率不高，另一方面是"断头路""断头桥"随处可见。实际上，水利工程、交通设施、电力及通信工程等大型基础设施应该是区域共享的，这些大型基础设施的规划、建设、管理和维护应当由区域内各个地方政府共同参与。

（二）提高区域治理绩效

区域治理，不是单靠地方政府的参与就能完全实现的，还涉及治理的绩效问题。所谓区域治理绩效，是指各治理主体共同解决区域公共事务的业绩、效率和效益。显然，降低管理成本是提高区域治理绩效的题中之义。我国是世界上政府管理成本较高的国家之一，但是，不低的管理成本却未必一定能带来良好的管理效果，即使可以，也应该考虑投入产出比的问题。区域治理同样如此。在区域治理中，"九龙治水"收效甚微，演变成"无龙治水"的也并不少见。所以，提高区域治理绩效的最好选择是成立专门的区域合作组织。从国际经验来看，这种治理方式在区域治理中有着广泛运用。例如，美国在20世纪30年代就成立了州际石油委员会、州际卫生委员会、州际水污染处理委员会等州际机构，后来又扩展到教育、信息、鱼类保护、废物利用、交通及税收征管等许多领域。① 让区域合作组织成为区域治理主体至少有两方面的好处：降低治理成本和提高治理专业化水平。 合作组织用成本分摊的方式，把各个地方政府相应的行政支出集中起来，可以达到"1＋1＞2"的效果，而组织成员间的相互制衡和监督，又能够保证管理经费不会被滥用和浪费。 另外，合作组织的成员由各个地方政府相关部门的工作人员组成，他们大多是具有丰富实践经验的一线工作者，通过交流学习，可以互相借鉴，从而提高整个组织的管理能力和专业化水平。

(三)分享合作收益

从某种意义上说，区域发展的过程就是区域合作不断增多、不断深化的过程。 区域内各个地方之所以会选择合作，是因为合作能够带来收益。 这种合作收益与传统经济学中的竞争收益有着本质不同。 竞争与合作，都可以看作基于理性选择的行为结果，但是区域经济一体化进程中的地方政府间关系却明显存在着从竞争到合作的演化轨迹。 当然，地方政府间合作关系的出现是需要具备一定条件的。 只有在单个地方政府必须借助合作才能获得收益，或者通过合作可以产生更多收益的情况下，合作行为才可能出现。 在区域治理中，地方政府间的合作关系主要有3种类型，即为了避免霍布斯状态的共处共生型合作、互通有无的互惠互利型合作和提高区域整体福利水平的共创共享型合作。② 不管是哪一种合作，都可以让各方从合作中获得额外收益。 这种收益既包括有形的收益，也包括无形的收益，既可以是物质收益，如商品贸易往来的经济效益，也可以是非物质收益，如合作组织发起者得到中央政府的褒扬等。 此外，地方政府间的合作还可以使上级政府和区域内的企业、居民受益。 上级政府可以把一部分公共职责和管理权力移交或授予区域合作组织，从而有利于精简机构、提高政府工作效率，实现事权和财权更为合理的分配。同时，上级政府也能够避免成为某些社会矛盾的焦点，尽可能地保持一种超然

---

① 何渊：《美国的区域法制协调——从州际协定到行政协议的制度变迁》，《环球法律评论》2009年第6期，第87—94页。
② 席恒、雷晓康：《合作收益与公共管理：一个分析框架及其应用》，《中国行政管理》2009年第1期，第109—113页。

的地位。 而对于企业和居民来说,地方政府合作所产生的"产业同筹、交通同网、信息共享、市场同体、旅游同线、环境同治、科教同兴"效果,也能够让绝大多数人享受到合作带来的好处。

二、国内区域合作组织存在的问题及成因分析

(一)区域合作组织存在的问题

我国的区域合作组织虽然发展较快,在许多方面都取得了一定成效,但同时还存在着不少问题,限制了其作用的充分发挥。

1.权威性不足

权威作为一种至关重要的政治资源,对区域发展起着关键性的影响作用。没有足够的权威支撑、缺乏权威性,是国内区域合作组织面临的共同问题。主要表现为:第一,区域合作组织的设置缺乏法律依据。 目前我国法律体系中的《中华人民共和国宪法》和《中华人民共和国地方各级人民代表大会和地方各级人民政府组织法》只对中央政府和地方政府的职能做出了相关规定,并没有涉及区域合作组织,更没有类似美国联邦宪法中关于州际协定的条款。尽管《中华人民共和国反不正当竞争法》和《国务院关于禁止在市场经济活动中实行地区封锁的规定》等一系列规范地方政府行为的法规中也涉及了区域协调问题,但是操作性、实践性较差。 第二,区域合作组织在一些地区只得到了地方领导的有限认可。 例如,在首都经济圈被列入国家"十二五"规划之后,不少城市都期望看到北京在加强区域合作方面的明确信号,但在 2011年 5 月 27 日召开的环渤海区域合作市长联席会第十五次会议上,作为环渤海地区中心城市的北京却只派出了合作办公室的代表出席①,北京高层的缺席和北京代表的消极回应,使得会议的不少议题都难以取得实质性进展。

2.稳定性不高

我国区域合作的组织建设还处于起步阶段,许多区域合作组织具有临时

---

① 刘涌:《北京高层缺席:环渤海区域合作达成"天津共识"构筑一体化》,《21 世纪经济报道》2011 年 5 月 31 日,第 7 版。

性的特点,组织形式不够严谨,稳定性较差。主要表现为:第一,正式的合作机构缺失。合作机构大多下挂在政府的某一职能部门中,这些机构易随所属部门的变迁而消亡。第二,合作组织多为精英推动型。例如,粤赣湘红三角经济圈的倡导者为第八、九、十届全国政协副主席霍英东,目前这一经济圈已较少有人提起。这种区域合作具有较强的人治色彩,易随领导职务的变动而变化。第三,合作组织的成员具有不稳定性。例如,湘桂黔渝毗邻地区经济技术协作区中的柳州市和张家界市就曾经退出过该区域合作组织。第四,开展合作活动缺乏规律性。例如,杭州、湖州、嘉兴、绍兴四地于 2008 年建立了边界环境联合执法机制,并在当年开展了 9 次联合执法活动,2010 年该活动却只开展了 2 次。①

3. 实效性不大

议而不决、决而不行,是区域合作组织普遍存在的问题。有学者对 1992—2005 年长江三角洲区域经济一体化所要解决的重要议题与 1982—1984 年上海经济区经济一体化所要解决的重要议题进行对比后发现,这 2 个阶段有关区域经济一体化的重要议题并无太大差别。②此种现象,发人深省。整体看来,尽管我国的区域合作发展很快,但合作成效大多体现在贸易、旅游、劳务等领域,而诸如产业同构、重复建设等问题却没有太大改观。例如东北经济区内四大城市的区域性金融中心之争。东北地区金融业基础最好的是沈阳市,人民银行主管东北三省金融的分支机构都设在沈阳,但在 2009 年,哈尔滨、长春、大连三市的主要领导先后提出要将各自城市建设成为区域性金融中心,并相继出台了一系列促进金融业发展的措施③,大有在政策上与沈阳一比高下的味道。2022 年,我们还可在报纸上见到类似"东北区域性金融中心

---

① 环境监察支队:《杭湖嘉绍四地圆满完成 2010 年度边界联合执法工作》,http://www.jepb.gov.cn/News/1/30d61d1b6a81dfed845df26c99746e0111ed5819.html,2011 年 1 月 18 日。

② 莫建备、徐之顺、曾骅等:《大整合·大突破——长江三角洲区域协调发展研究》,上海人民出版社 2005 年版,第 140—144 页。

③ 王红茹:《沈阳、长春、哈尔滨、大连——东北四市谁将成为"东北金融中心"》,《中国经济周刊》2009 年第 16 期,第 29—31 页。

竞争激烈"话题的文章。

(二)区域合作组织困境的成因分析

导致上述问题的原因是多方面的，既有历史因素的影响，也有现实条件的阻碍，既有制度性缺陷，也有人为的干预。 归纳起来，主要有以下几点。

1.区域合作组织的权威来源层次较低

区域合作组织的权威来源主要有 3 种：法律法规的相关规定、上级政府的授予、地方领导书面或口头的承诺。 权威的来源不同，其强度和可持续性也就不同。 首先，从法律规定来看，经由法律授权的组织才具有高度合理合法的权威，这种组织的权威也具有较强的可持续性，但由于区域合作组织尚未被我国的法律体系所认可，所以也就失去了最强有力的权威支撑。 其次，从上级政府的授予情况来看，在一省范围内的区域合作组织都在不同程度上获得了省级政府的支持，如珠三角、武汉城市圈等，但这种由上级政府授予的权威会因为上级政府发展战略的变化而改变，可持续性较差，长株潭地区"一体化—反一体化—重新一体化"的发展历程就是很好的证明。 最后，可以发现，大部分区域合作组织的权威其实都源自各地方领导的承诺，尽管书面承诺比口头承诺要具有权威性，但这种承诺的可信度毕竟是因人而异、因时而异、因事而异的。 所以，在区域合作中出现个别地方领导在联席会议上大唱合作，回去后却继续搞竞争，或者"有利就合作，无利就翻脸"的情况并不奇怪。 区域合作组织的权威来源层次较低，必然会对组织成员的约束力和合作协议的实施效果产生影响。

2.区域合作组织的执行力较弱

执行力是组织管理中的一个重要课题，是通过一套有效的系统、体系、机构和操作技术方法把决策转化为结果的能力。 执行力对于组织的生存和发展至关重要，执行力越强，组织的目标就越容易实现。 这一点，在区域合作组织中同样适用。 许多区域合作难题无法得到有效解决的一个重要原因就在于合作组织的执行力较弱。 影响区域合作组织执行力的因素是多方面的，既包括组织的人、财、物等资源性因素，也包括组织的权力分配、业务流程、管理过程等结构性因素。 其中,重要的影响因素有 3 个,即合作组织的实际权力、职责功能和执行机构的设置情况。 从权力配置上来看,国内大多数区域合作组织的权力结构都存在着问题,即合作组织通常只有对区域性公共事务的协调权,而没有决策权和监督权,这必然会造成区域政策在制定以后出现落实偏差和重形式轻内容、重协议轻实施的情况。 从合作组织的职责功能来看,有些区域合作组织都是基于组织的同构性而建立的,这种脱离区域实际情况照搬或模仿而来的组织形式缺乏明确的职能界定,当然也就不能很好地解决本区域存在的特殊公共问题。 从组织内部的机构设置情况来看,有些合作组织的常设机构基本上只是等同于论坛或联席会议的筹备部门,缺乏执行合作协议所必需的配套机构和专门人员。

3. 区域合作组织缺乏保障机制

区域合作组织的保障机制也就是形成和维持地方政府合作所必需的相关机制,主要有 3 种:第一种是谈判和协商机制,即参与合作组织的各方都应该有表达自己合理诉求的机会和权利。 在这方面,国外的区域合作组织的做法值得借鉴。 例如,法国的图卢兹市镇联合体委员会在讨论是否启动某项工程时,由于大多数代表都认为该政策只有利于图卢兹一地的利益而不利于其他市镇的发展,最终否决了这项工程。[①] 第二种是利益分享与补偿机制,要求合作的各方互利互惠。 因为利益关系是地方政府间关系的本质所在,处理不好税收分成、财政转移支付等问题,合作就难以有实质性突破。 第三种是监督和纠纷解决机制,用于减少地方政府在合作中的机会主义行为。 现有的区域合作组织普遍缺少有效的监督和纠纷解决机制。 例如,《泛珠三角区域省会城市合作协议》规定:任何关于本协议的解释、实施和适用方面问题,通过磋商以友好的方式加以解决。

三、区域合作组织的改革趋向

根据国际经验和我国区域发展的现实情况,笔者认为,我国区域合作组织

---

① Nicholls, W. J. "Power and Governance: Metropolitan Governance in France". *Urban Studies*, 2005, 42(4), p. 783-800.

应该由区域利益协调机构逐步转变为区域政府职能整合机构，由关系型软性管理体制逐步转变为实体型硬性管理体制。具体来讲，今后的区域合作组织应该具有以下特点。

第一，法治化的准行政机构。马克斯·韦伯根据合法性的来源，把权威分为 3 种类型：传统型权威、魅力型权威和法理型权威。他认为，只有法理型权威才最具有理性，才是效率最高的权威形式。因此，任何组织和组织的领导者都应该努力把自己的管理建立在法理型权威之上。① 区域合作组织也首先应当是一种法定的组织形态，它的成立及其自身的内部机构设置、人员组成、职能、权限等都要有法律依据。只有经过法定程序，得到法律体系的认可，区域合作组织才能获得和行使合法的权力。② 但是，区域合作组织在法律体系中却不应该被定性为行政机构。理由有 2 个：一是把合作组织定性为正式的行政机构可能会增加行政层级，使原本就亟须改革的"中央—省—市—县—乡"五级行政体系变得更加复杂；二是"区域"的范围在我国大小不一，大的区域如长三角包括三省一市，小的区域如长株潭只有三市，倘若只是在小的区域设立行政机构尚且不会影响大局，但如果设立跨省的行政机构就显得很不现实。所以，区域合作组织的性质应该是法治化的准行政机构，既具有处理区域性公共事务所必需的行政权力，又不是国家行政系统中的正式组织。

第二，完整的组织机构体系。不同的区域具有不同的资源禀赋、自然环境和文化传统，这些先天的条件加上后天的政策差异，使得我国不同区域的经济社会发展状况差距较大。相应地，不同地区需要通过合作来解决的区域性公共事务也就不尽相同。例如，长三角地区已经进入经济一体化的城市群时代，而湘桂黔渝毗邻地区经济技术协作区尚处在以调解边界纠纷为主要内容的初级合作阶段。因此，成立何种形式的合作组织必须立足区域实际，而不能盲目模仿其他地区。在一体化要求比较急迫的地区，应当成立综合性的合作组织，并在其内部设立各种专业委员会和相应的监督执行机构。而对于区

---

①　张国庆：《行政管理学概论（第二版）》，北京大学出版社 2000 年版，第 8 页。

②　李金龙、谢琼：《区域公共管理中的协调合作组织优化路径》，《经济地理》2009 年第 8 期，第 1239—1243 页。

域经济欠发达的地区来说，可能仅有地方高层领导之间的交流互访就已足够。当然，这是2种极端的情况，现实的机构设置状况可能大多处于两者之间。但从长远来看，保证合作组织在机构设置上的完整性是大势所趋。一般而言，一个完整的区域合作组织应该包括常设机构和非常设机构两大部分，其中，常设机构包括日常办公机构、决策机构、执行机构、监督机构和后勤保障机构等，非常设机构则包括临时性委员会、项目小组和领导小组等。

第三，规范化的领导关系。区域合作组织的权力来源主要是中央政府或省级政府的授予以及各个地方政府的让渡。因此，区域合作组织往往具有多重的领导和管理关系。首先，国家发展改革委对区域发展起着引导和宏观调控作用，这是由发展改革委在我国经济社会发展中的特殊地位所决定的。例如，在区域规划的编制过程中，发展改革委通常会派人参与或给予指导，如果区域规划能够上升为国家战略，合作组织就面临着新的发展机遇，如果得不到发展改革委的认可，那合作组织的存在就可能面临考验。其次，省级政府和合作组织具有直接领导与被领导关系。尤其对于省内的合作组织而言，省级政府具有全方位的决定权和影响力。最后，地级政府作为区域合作的载体，对合作组织也发挥着不同程度的领导作用，而且中心城市往往在合作组织中占据主导地位。今后，区域合作组织的多重领导关系应更加规范化，即发展改革委要减少对地方微观活动的干预，更多地侧重于宏观调控和监督指导，省级政府要充分发挥政治整合作用，尽量减少地方政府各自为政的行为。

第四，有限的行政管理权限。区域合作组织的地位和性质决定了其行政管理权限必须是有限的。从区域合作组织存在的最初意义来看，其主要作用在于加强地方政府间的横向协调，调解跨界纠纷，处理那些各个地方政府难以应对的区域性公共事务。同时，从中央与地方的关系来看，区域合作组织所采取的任何行动都要以不危及中央利益、不损害中央权威为前提。而从其与各个组织成员间的关系来看，区域合作组织也无权干涉区域内各地方政府职权范围内的具体事务。为此，必须合理划分并明确界定区域合作组织的行政管理权限和职责，以免其与地方政府职能交叉、重叠或纠缠不清。借鉴国外的经验，应当赋予合作组织所有区域性公共服务的职能和权限，如区域协调、区域生态环境的治理、区域内基础设施的规划与建设等；同时，还应当给予区域合作组织一定的财政资金支配权限。

　　第五，良好的运行机制。 我国政治生活中经常出现的问题不是规范性不足，而是容易发生过程上的偏离。 因此，研究区域合作组织也要摆脱"重权力归属、轻权力运作"①观念的束缚，去深入探讨合作组织在实际运行中可能出现的问题。 从政治过程和政策过程来看，区域合作组织在区域治理中具备"利益表达—利益综合—决策—执行"4 个基本环节。 在利益表达过程中，合作组织就是一个对话平台，要充分发扬民主精神，让各利益相关者畅所欲言，这是保证区域政策科学化的前提；在利益综合时，合作组织是一种谈判机制，要尽可能照顾到各方的正当利益诉求，以确保区域政策的公平性和公正性；在决策时，要立足区域发展实际，以解决确实存在的公共问题、促进区域经济社会协调发展为目的，不盲目、不武断；在执行环节，则要按原则办事，尽可能排除地方主义的干扰，不折不扣地执行区域公共政策。 此外，还要充分发挥各级政府、大众传媒和社会公众的监督作用，促使区域合作组织的运行机制不断优化。

---

　　①　朱光磊:《当代中国政府过程(第三版)》,天津人民出版社 2008 年版,第 19 页。

参考文献

［1］薄贵利.中央与地方关系研究［M］.长春：吉林大学出版社，1991.

［2］宋彪.分权与政府合作：基于决策制度的研究［M］.北京：中国人民大学出版社，2009.

［3］申剑敏.跨域治理视角下的地方政府合作：基于长三角的经验研究［M］.上海：上海人民出版社，2016.

［4］唐亚林.区域治理的逻辑：长江三角洲政府合作的理论与实践［M］.上海：复旦大学出版社，2019.

［5］潘小娟.地方政府合作研究［M］.北京：人民出版社，2016.

［6］彭彦强.中国地方政府合作研究：基于行政权力分析的视角［M］.北京：中央编译出版社，2013.

［7］王建新.当代中国经济圈政府合作研究［M］.北京：科学出版社，2018.

［8］杨龙.中国城市化加速背景下的地方合作［M］.天津：南开大学出版社，2018.

［9］蔡长昆.合作治理研究述评［J］.公共管理与政策评论，2017(1)：85-96.

［10］陈国权，李院林.论长江三角洲一体化进程中的地方政府间关系［J］.江海学刊，2004(5)：92-98.

［11］曹海军，霍伟桦.基于协作视角的城市群治理及其对中国的启示［J］.

中国行政管理，2014(8)：67-71.

[12] 崔晶.京津冀都市圈地方政府协作治理的社会网络分析 [J].公共管理
与政策评论，2015(3)：35-46.

[13] 曹明园，尤宏兵.长三角区域合作机制创新研究 [J].国际经济合作，
2006(1)：15-18.

[14] 陈瑞莲，刘亚平.泛珠三角区域政府的合作与创新 [J].学术研究，
2007(1)：42-50.

[15] 陈瑞莲，谢宝剑.回顾与前瞻：改革开放 30 年中国主要区域政策 [J].
政治学研究，2009(1)：61-68.

[16] 苟欢.合作治理：社会治理变革的新探索——中国"合作治理"研究
(2000—2016)文献综述 [J].公共管理与政策评论，2017(1)：72-84.

[17] 何渊.美国的区域法制协调：从州际协定到行政协议的制度变迁 [J].
环球法律评论，2009(6)：87-94.

[18] 李金龙，谢琼.区域公共管理中的协调合作组织优化路径 [J].经济地
理，2009(8)：1239-1243.

[19] 李响，严广乐.区域公共治理合作网络实证分析：以长三角城市群为例
[J].城市问题，2013(5)：77-83.

[20] 朴银哲，金兆怀.欠发达民族地区经济一体化中的制度创新研究：以延
龙图为例 [J].东疆学刊，2010(1)：100-107.

[21] 全毅，尹竹.中国—东盟区域、次区域合作机制与合作模式创新 [J].
东南亚研究，2017(6)：15-36.

[22] 乔中明.区域一体化的乌昌模式及启示 [J].中国党政干部论坛，2009
(8)：52-53.

[23] 阮加，李欣.从产业转移与人才转移的互动机制看京津冀区域一体化
[J].中国行政管理，2011(2)：71-75.

[24] 锁利铭，杨峰，刘俊.跨界政策网络与区域治理：我国地方政府合作实
践分析 [J].中国行政管理，2013(1)：39-43.

[25] 唐亚林.长三角城市政府合作体制反思 [J].探索与争鸣，2005(1)：
35-37.

[26] 翁文阳.府际关系研究的阶段性特征与多维视角 [J].重庆社会科学,
　　　2014(6)：34-41.

[27] 王玉明.珠三角城市间环境合作治理机制的构建 [J].广东行政学院学
　　　报，2011(3)：10-17.

[28] 席恒，雷晓康.合作收益与公共管理：一个分析框架及其应用 [J].中
　　　国行政管理，2009(1)：109-113.

[29] 杨爱平.区域合作中的府际契约：概念与分类 [J].中国行政管理，
　　　2011(6)：100-104.

[30] 杨道田.新区域主义视野下的中国区域治理：问题与反思 [J].当代财
　　　经，2010(3)：89-94.

[31] 叶林.新区域主义的兴起与发展：一个综述 [J].公共行政评论，2010
　　　(3)：175-189.

[32] 杨龙，郑春勇.地方政府间合作组织的权能定位 [J].学术界，2011
　　　(10)：18-25.

[33] 杨龙，郑春勇.地方政府合作中的政府创新初探 [J].天津社会科学，
　　　2011(3)：41-45.

[34] 杨龙，郑春勇.地方合作在区域性公共危机处理中的作用 [J].武汉大
　　　学学报(哲学社会科学版)，2011(1)：57-68.

[35] 杨龙，郑春勇.城市圈在国内区域治理中的作用 [J].理论探讨，2011
　　　(1)：27-31.

[36] 杨龙，郑春勇.地方合作对政府间关系的拓展 [J].探索与争鸣，2011
　　　(1)：38-41.

[37] 于鹏，李宇环.地方政府协作治理模式：基于战略问题的类型学分析
　　　[J].行政论坛，2016(4)：42-46.

[38] 郑春勇.论对口支援任务型府际关系网络及其治理 [J].经济社会体制
　　　比较，2014(2)：230-239.

[39] 郑春勇.当前国内区域合作组织的困境与出路 [J].当代经济管理，
　　　2011(11)：34-38.

[40] 郑春勇.从对口合作到区域合作：后援建时代地方合作的应然转变

[J].理论与改革,2011(5):144-146.

[41] 郑春勇.区域公共管理创新的动力与路径:以都市圈一体化为分析背景[J].石家庄经济学院学报,2011(4):87-90.

[42] 郑春勇.论地方政府合作与区域空间结构的协同演化:以珠江三角洲城市群为例[J].广东商学院学报,2011(3):4-11.

[43] 郑春勇.区域一体化进程中的空间政治难题及其破解[J].理论导刊,2011(3):8-11.

[44] 郑春勇.民族地区地方政府合作模式比较研究[J].内蒙古社会科学(汉文版),2011(2):72-75.

[45] 郑春勇."以党委一体化促区域一体化"模式研究:基于新疆维吾尔自治区乌昌党委和吉林省延龙图党委的分析[J].经济论坛,2011(1):24-27.

[46] 郑春勇.地方政府合作协议的新制度主义分析[J].创新,2011(1):27-30.

[47] 赵峰,姜德波.长三角区域合作机制的经验借鉴与进一步发展思路[J].中国行政管理,2011(2):81-84.

[48] 张紧跟.从区域行政到区域治理:当代中国区域经济一体化的发展路向[J].学术研究,2009(9):42-49.

[49] 竺乾威.从新公共管理到整体性治理[J].中国行政管理,2008(10):52-58.

[50] 张学良.城市群:中国发展主引擎[J].中国经济报告,2016(2):27-30.

[51] FEIOCK R C. Rationai choice and regional governance [J]. Journal of urban affairs, 2007(1):47-63.

[52] MIKKELSON M. Policy network analysis is a strategic tool for the voluntary sector [J]. Policy studies, 2006(1):17-26.

[53] OSTROM E. Governing the commons: the evolution of institutions for collective action [M]. New York: Cambridge University Press, 1990.

[54] OSTROM V, TIEBOUT C M, WARREN R. The organization of government in metropolitan areas: a theoretical inquiry [J]. American political science review, 1961(4): 831-842.

[55] SHRESTHA M K, FEIOCK R C. Transaction cost, exchange embeddedness, and interlocal cooperation in local public goods supply [J]. Political research quarterly, 2011(3): 573-587.

[56] NICHOLLS W J. Power and governance: metropolitan governance in France [J]. Urban studies, 2005(4): 783-800.

后　记

2009—2012 年，我有幸在南开大学跟着杨龙教授读博。 按照我的理解，杨龙教授的研究领域主要包括三部分：西方政治思想、新政治经济学和地方合作。 其中，新政治经济学与西方政治思想相关，侧重于探讨西方经济学家的政治思想；而地方合作则与区域经济发展密切相关。 入学之时，我的专业是政治学理论，具体方向是政治经济分析。 然而，我在本科和硕士阶段读的都是行政管理专业，政治学基础薄弱，对研究大咖的政治思想兴趣不大。 一开始，导师希望我多看书，先把基础打扎实，并没有给我布置研究任务。 后来，有一次我写了一篇关于地方政府合作的课程论文交给他，他可能发现了我其实还是更适合研究现实问题。 从那以后，我便深度参与杨老师的国家自然科学基金面上项目，聚焦区域经济一体化背景下的地方政府合作现象。 3 年下来，我先后发表了 10 多篇学术论文，其中 1 篇被《新华文摘》全文转载，3 篇被《中国人民大学复印报刊资料》全文转载。

工作之后，由于种种原因，我的学术产量锐减。 但我依然热爱科研，渴望能够早日重返学术圈。 在这样的时刻，恰逢学校要组织出版一批专著，我便主动报名了，希望能够对自己当年在府际合作领域的研究做个总结，也算了却一个心愿。 所以，在此我要衷心感谢浙江工商大学的校领导和科研管理部门给我这个机会。

本书的部分内容来源于我读博时期和工作初期所撰写的论文。 其中，有几篇论文在写作和发表过程中得到了导师的认真指导，应该算是共同成果。

师恩难忘。 感谢杨龙教授把我引入这个研究领域，给我练笔的机会，并不厌其烦地指点我。

本书还有部分内容来源于以前完成却未能出版的书稿中的个别章节。 当时受到出版社对字数的限制，不得不舍弃，如今放在这本书里倒也合适。 其中，对口支援的文献综述这部分内容是由齐为群博士完成的，在此表示感谢。

此外，要特别感谢浙江工商大学研究生周明月同学协助我完成了书稿的汇编工作。

最后，谢谢本书的责任编辑以及其他为本书出版付出过劳动的人。 没有大家的帮助，本书不可能顺利与读者见面。

文责自负。

郑春勇

2023 年 5 月